台所道具の選び方、使い方、繕い方

使い込み、育て、変化を楽しむ。

日野明子

g

はじめに

　仕事柄、気になった道具があるとつい手に入れてしまうので、同じ用途にもかかわらず大抵のものは複数あります。おひつは5個、鉄のフライパンは6個、漆椀も……という感じなので友人にはたまに貸し出します。おひつ、鉄のフライパン、漆椀は「使ってみたいけど、なかなか勇気が出ない」トップ3のようです。しばらくして戻ってきたもののいくつかは、ちょっと違った表情になっており、人が違うと手入れも違い、表情も変わるものだと毎回興味深く感じます。

　本書の1章は「選び方」ですが、「どれが良い」かを強くお勧めはしていません。それぞれの道具の歴史と素材の特徴などを説明していますので、それを踏まえてご自分に合いそうな道具を選んでみてください。読み物として楽しんでいただいても構いません。

　2章は「手入れの仕方」です。道具は使い込んでこそ良さが出てくるので、使い込んで深みが出てくる手入れの仕方を紹介しています。

　もし「ピカピカにしたい」と考えられる方は、3章のコラムを読み解き、ヒントにしていただければと思います。

　また、手入れの仕方と作り方を教わりに3つの工房に伺いました。漆器の製造と直しを生業とする漆琳堂さん、木工家庭用品の企画問屋の山一さん、包丁専門の店舗もあるキッチン用品専門店の釜浅商店さん。いずれも貴重な工程を撮らせていただきました。現場の写真はお手入れの参考になること間違いありません。

　「ちょっと面倒かも」と思った素材も、慣れれば楽しいものです。

　皆さんの台所道具が「それぞれの家の顔」になるための手入れの手助けになればと願います。

日野明子

CONTENTS

はじめに　　2

1章　台所道具の選び方

鍋	10	まな板	32
鋳物琺瑯鍋	12	木のまな板	34
ステンレス鍋	13	プラスチックのまな板	35
土鍋	14		
ペタライト土鍋	15	ざる	36
アルミ鍋	16	竹のざる	38
琺瑯鍋	17	ステンレスのざる	39
フライパン	18	ボウル	40
鉄フライパン	20	ステンレスのボウル	42
ステンレスフライパン	21	ガラスのボウル	43
フッ素樹脂加工フライパン	22	琺瑯のボウル	43
アルミフライパン	23		
		せいろ・おひつ・弁当箱	44
切る・削る・する道具	24	中華せいろ	46
鋼の包丁	26	和せいろ	47
ステンレスの包丁	27	おひつ	48
セラミック包丁	28	白木の弁当箱	49
キッチンバサミ	29	漆の弁当箱	49
おろしがね	30		
すり鉢	31		

混ぜる・すくう道具	50
木製の混ぜる・すくう道具	52
金属製の混ぜる・すくう道具	53

うつわ	54
陶器	56
磁器	57
半磁器	58
炻器	59
漆のうつわ	60
木工のうつわ（白木／オイル仕上げ）	62
木工のうつわ（ウレタン塗装仕上げ／ガラス塗装仕上げ）	63

ガラスのうつわと道具	64
ガラスのうつわ	66
耐熱ガラス	67
再生ガラス	67

注器	68

2章 素材別の お手入れ方法

木のうつわと道具	72
基本の手入れ（木のうつわの場合）	74
木のうつわと道具 注意点	75
トラブルシューティング	75
基本の手入れ（まな板の場合）	76
基本の手入れ（曲げ物の場合）	77
基本の手入れ（中華せいろの場合）	78

漆のうつわ	88
基本の手入れ	90
漆のトラブル例	91

鉄の道具	100
基本の手入れ（鉄のフライパンの場合）	102
トラブルシューティング 1	103
トラブルシューティング 2	104
トラブルシューティング 3	106

銅・真鍮の道具	108
基本の手入れ（真鍮の道具の場合）	110
トラブルシューティング	111

銀・錫のうつわと道具	112
トラブルシューティング 1	114
トラブルシューティング 2	115
錫のお手入れ	115
アルミの道具	116
基本の手入れ	118
トラブルシューティング	119
実験	119
ステンレスの道具	120
基本の手入れ	122
トラブルシューティング	123
酸素系漂白剤では落とせない場合	123
琺瑯のうつわと道具	124
基本の手入れ	126
重曹の使いすぎに注意	127
トラブルシューティング	127

鋼の道具	128
基本の包丁の研ぎ方	130
陶器	138
基本の手入れ	140
粉引の注意点	141
おろしがねやすり鉢の注意点	141
磁器・炻器	142
基本の手入れ（炻器の場合）	144
炻器の急須の注意点	145
column 磁器と陶器の見分け方	145
土鍋	146
基本の手入れ	148
初めて使う時及び水漏れした時の対処法	149
ご飯で目止めする場合	150
小麦粉や片栗粉で目止めする場合	151

3章 お手入れ道具の特性と選び方

竹の道具	152
基本の手入れ (竹のざるの場合)	154
乾かし方の注意点	155
ガラス	156
基本の手入れ (ワイングラスの場合)	158
取り扱いの注意点	159
トラブルシューティング	159

味が出る話	162
汚れの話	164
界面活性剤の話	166
石鹸	168
「洗浄・除菌・抗菌」と「成分表示」	170
界面活性剤が入っていなくてきれいになるもの [洗浄剤]	172
掃除用具のこと	174
洗剤を使わないと……	176

column

南木曽の木工家庭用品の現場探訪
山一 (長野県木曽郡南木曽町) 80

漆器も陶磁器も漆によって
新しい命を吹き込まれる
漆琳堂 (福井県鯖江市) 92

包丁をとことん探したいときの強い味方
釜浅尚店 (東京都台東区) 132

column

修復できる？　できない？
色々なトラブルシューティング 178

トラブルではないけれど
道具の面白知識 180

参考文献	181
作り手一覧	182

1章

台所道具の選び方

料理をするための道具は実に色々。
同じ用途で素材違いのものも多く、
一体どうやって選べば良いのか途方に暮れますが、
素材ごとの特性を知れば、選ぶ際の指針になるはずです。
道具にまつわるミニエピソードで、
使ったことのない道具に興味を持っていただければ、なお嬉しいです。

鍋が人類で使われてきた歴史

　食材に火を通す。これは動物と人間を大きく分ける動きのひとつです。人類が火を手に入れてから、生活が変わりました。最初に肉や木の実を直に火を当てることから始まり、土が熱で固まることを知り、火にかけられる容器を作り煮炊きを始めたことは、「ひと手間」という、人間たる作業そのものです。

　では、鍋とは何か。火はものを燃やしますが、その直火に耐えうる素材であることが必須です。土の次に鉄や銅という素材を手にし、加工できるようになり、鍋を作るに至り、汁物も作れるようになりました。鍋のおかげで、飛躍的に料理の幅が増えることになったのです。

鍋と熱源の変遷

　鍋の進化とともに、火力も進化します。最初は焚き火から始まり、竈や囲炉裏、七輪などの薪や炭の火から、ガスが生まれて一気に熱カロリーが上がります。かつては煎じ土瓶や土鍋を作っていた産地が戦後一気に減ったのは、このガスの耐火性に耐えられなくなったことも大きな要因だと思われます。その中で現代のガスのカロリーで使われている土鍋土は主に伊賀土（P14）、そしてペタライト入りです（P15）。落とせば割れる上、使用上の注意事項が多い、使う季節が限定される、と思われがちですが、金属の鍋とは違った熱の入り方で、「料理は土鍋に限る」と、季節を問わず土鍋を愛用するご家庭も多いです。

　金属の鍋で、古来から使われているのは、素材の入手のしやすさ、加工のしやすさから鉄と銅。普及に時間はかかったようですが、明治にはすでにアルミニウム、鉄板にガラス釉を掛けた琺瑯も誕生しています。鉄にクロームを加えて錆びにくくしたステンレス鍋は戦後に普及。そして鉄鋳物にガラス質の琺瑯を掛けたもの、フッ素樹脂やセラミックでコーティングしたものなど、現代では「さらに便利に、さらに使いやすく、さらにおいしく」と、あくなき探究心でメーカーはしのぎを削っています。

　熱源も、不動の地位を築いていたガスに加え、電磁の力を生かしたIHが誕生。「火を使わない調理」が誕生し、それに合わせた道具も、新たに作られています。

　IHが主流になるかと思われながら、卓上カセットコンロで火を見ながらの鍋料理や焼き肉を楽しんだり、コロナ禍以降のキャンプブームで、焚き火や炭火を使う人が増えたりしています。

　熱源や料理の種類は増えつつも、「鍋」は調理の中での王様と言えましょう。茹でる、煮る、蒸す、炊く。これだけのことをひとつの道具でこなせ、さらに、火にかけっぱなしで、おいしく仕上げてくれる最高の道具です。焼く道具は、焦げとのせめぎ合いで目を離せませんが、水分がある限り、鍋は火にかけっぱなしで料理を続けてくれる、という無口な働き者です。

適材適所の鍋選び

　さて、どんな鍋を選びましょうか。

　作りたい料理から選ぶか、素材、形、重さ、熱伝導、手入れのしやすさ、値段、耐久性なのか。様々な観点がありますが、素材ごとの手入れの仕方は共通です。ぜひ、ヒントにしてみてください。

鋳物琺瑯鍋

素材の特徴

鉄と炭素の合金である鋳物にガラスコーティングした素材。鉄の熱伝導の良さに琺瑯の防錆性、耐食性、発色性（カラーバリエーションとしての楽しさ）、そして遠赤外線効果を兼ね備えている。重いのが難点だが、ゆっくりと長時間火を通すには最適。

熱源

基本の素材が鉄なので直火だけでなくIHにも使える（直径10cm以下など電磁が反応しないサイズは使用不可）。オーブンにも入れられるが、持ち手が木などの熱に弱い素材のものは入れられない。金属製品は基本、電子レンジは使えない。

こんな料理に合う

熱効率と蓄熱性を生かした料理に加え、技術力でふたに密閉性を持たせたものは無水調理ができる。得意とするのは煮込み料理、炊飯、揚げものなど。特に野菜は無水調理で甘くなる。スピード勝負の料理より、じっくり予熱してしっかり温める料理に向く。

選び方

鉄の鋳物のため重くなりがちで、両手鍋で直径22cm高さ10cm程度で4kg前後。しかし、重さ故の密閉性でもある。最近は軽量化を試みるメーカーもある。各社ふた付きの両手鍋、ふた付きの片手鍋、スキレットなどのラインナップを揃えている。

※お手入れの仕方はP126

ステンレス鍋

素材の特徴

温まりにくく冷めにくいのが特徴で、熱伝導率は銅、アルミ、鉄に劣る。温まりやすくするために、ステンレスにアルミを挟み込んだ多層構造タイプもあり。これはステンレス単層のものより重量は重くなり、価格が高価になる。

熱源

ガスに使える。持ち手が樹脂や木製などのタイプはオーブンには使えない。IHに反応するのは、底面が「18-0ステンレス」（クロム18％以上、ニッケル０％）などのもの。「オールメタル対応」のIH機械ならばどれも使える。

こんな料理に合う

多層タイプでもさほど重くはないので、水を大量に使うパスタを茹でる時も持ち運びは比較的楽。ふたがしっかりした鍋では無水調理も可能。多層構造のものは、保温力により油の温度が安定し揚げものもできるが、単層のものは熱伝導率が低いので揚げものには不向き。

選び方

片手鍋、両手鍋、ガラスぶたの組み合わせなど、バリエーションは豊か。光沢のある鏡面仕上げのものと、艶消し仕上げのものがある。何サイズかセットになっているシリーズがあり、特に持ち手が外れる仕様でセットになっていると、入れ子で収納がしやすい。

※お手入れの仕方はP122

土鍋

素材の特徴

焼成後の土の中に細かな孔や石英の粒があり、土の中で割れ（ヒビ）が発生しても、孔や石英の粒でそれが止まり、全体的な破壊につながらない。このように、伊賀焼の土鍋は、土の構造的特徴により耐熱性を有するが、孔（貫入）があるので、目止めは必須。

熱源

直火とオーブンが使える。物理的には電子レンジも使え、電子レンジで温められる「陶器のおひつ」を土鍋土で作っている窯元もある。ただし、「電子レンジは使うたびに器物を弱くしている」という説もあり、基本は直火がお勧め。作り手の使用説明書にしたがって。

こんな料理に合う

ご飯を炊く名人が「沸騰するまで10分はあったほうがおいしく炊ける。早く煮立つとおいしくない」と言っていた。土鍋は温まるまで時間がかかるのでちょうど良い。煮込み料理も煮立つまでしばらくかかるが、煮立った後は弱火にしておけば、勝手においしくしてくれる。

選び方

冬にみんなで突っつく横広がりの浅めの鍋だけでなく、一年中活躍する煮込み鍋、片手鍋の行平鍋、ご飯炊き用など様々。

※お手入れの仕方はP148

ペタライト土鍋

素材の特徴

「ペタライト」という鉱物を混ぜることで耐熱性を高めた土鍋。原料の調達量が変わったため、現在、メーカーはペタライトの含有量を減らして価格を抑える努力をしている。ペタライト含有量を減らしたメーカーと、従来通りの量を使い続けるメーカーがある。いずれにせよ、使用説明書をよく読んで。

こんな料理に合う

煮炊き、オーブン料理全般。作り手によっては、コーヒーの焙煎を自作の鍋でする人もいる。

熱源

基本は直火、オーブン、電子レンジ。土鍋底の内側や外側に、IH発熱体を焼き付けたものもごくたまにある。また電磁反応をする板を別売りしてIHに使えるようにしているメーカーもあるが、「自社製造の鍋専用」としているメーカーがほとんど。

選び方

土と釉薬との膨張率の差があると割れてしまうので、新しい色の調合は試験を重ねてやっと新色ができる。上記写真の楕円形の鍋は焼成の際に歪みが生じやすく、安定した作りにたどり着くまで苦労があったそうだ。

※お手入れの仕方はP148

アルミ鍋

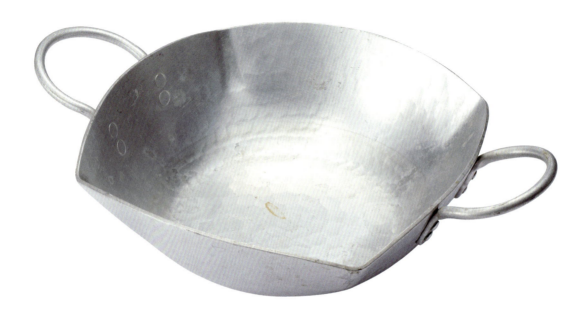

素材の特徴

抽出法が確立されるまで金やプラチナより高価で、ナポレオン三世は軽さを利用して武具を作ろうとしたが、量がとれないので仕方なくボタンと食器で我慢した。特別な客にはアルミを、その他の客には金や銀の食器を出したそう。熱伝導率は鉄の3倍。化学変化が起きやすいので扱いには注意が必要。

こんな料理に合う

軽く、沸騰が早いので、寸胴鍋にたっぷり湯を沸かし、パスタを茹でるには最適。「無水鍋®」はその名の通り、無水調理が得意。これはきちんと密閉できるからで、どのアルミ鍋も無水調理ができるわけではない。「無水鍋®」はアルミ鋳物。プレス、鍛造のものとの熱のまわり方の違いに注意。

熱源

熱効率が良いので、急ぎで料理したいときに向いている。直火のみ。一般的にはオーブンと電子レンジは使えないが鋳物で厚みがある「無水鍋®」はオーブンで使える。アルミは電気抵抗が弱いため、今までIHに反応しなかったが、「オールメタル対応IH」が開発され、使えるようになった。

お手入れ

最初に野菜くずや米のとぎ汁を煮ると、アルミの表面に膜ができて美しさを保てる。かんすいの入った麺はアルカリが強く、アルミの被膜を傷めるのでお勧めしない。水と反応して水酸化アルミニウムができ、黒くなったり（黒変化）、白くなったりする。

※お手入れの仕方の詳細はP118

琺瑯鍋

素材の特徴

鋳物琺瑯鍋（P12）との違いは、ベースになる金属の厚み。琺瑯のベースは鉄板（プレス）。軽さと清潔感が琺瑯の魅力だが、現在国内で琺瑯加工ができる工場は数えるほどで、国産が少ないのが現状。きっちり洗い切れる感覚は他の鍋から抜きん出ている。カラーバリエーションも豊富。

こんな料理に合う

酸にもアルカリにも強いので、ジャム作りに向いている。保存容器にもなる素材なので、慌てて洗わなくても大丈夫。鉄板が薄いものは若干焦げやすく、炒めものなどには向かない。揚げものも避けた方が良い。

熱源

直火、IH（ただし、直径が小さいものはIHに反応しない場合がある。鉄板が薄いものは「強」の火力でへたる場合も。メーカーの使用説明書を確認）が使える。鉄板が薄く水分の蒸発が早いため、空焚きにならないよう水加減に気をつける。電子レンジは使えない。

お手入れ

スポンジに中性洗剤で洗うのが通常の洗い方。金属タワシは表面を傷つけることになるので使わないように。落下や衝撃で琺瑯が剥がれる可能性があるので、ぶつけないように気をつける。素材一体型の持ち手の場合は、熱くなるので鍋つかみを忘れずに。

※お手入れの仕方の詳細はP126

フライパン

片手の働き者

鍋とフライパンの大きな違いは、「焼く」「炒める」に特化していることでしょうか。煮込む間はそのまま放置しても構わない鍋と違い、背が低い（浅い）フライパンは熱源により近い道具です。とはいえ、スープをしばらく煮込むことも、パスタとソースと和えることもできます。鍋は両手と片手があるのに、フライパンは片手のみです。それは片手で持って、反対の手で作業する時間が長いからでしょう。「振る」というのも他の道具にはない動作です。ステーキ、目玉焼き、ホットケーキ。ターナーでひっくり返すことを考えると、フライパン以外で作ることは想像できません。

さて、ここでは「フライパン」とまとめていますが、鋳物のフライパンのことは「スキレット」とも言います。スキレットの初期のものは五徳のような脚がついていたようです。

鍋とフライパンのもうひとつの違いは「油」との関係でしょう。鍋ならば油なしの料理もありますが、フライパンは大体が油を使う料理です。だからこそ油が少量でも済む「フッ素樹脂加工のフライパン」が重宝されるのです。公共放送の料理番組でもわざわざ「ノッ素樹脂加工のフライパン」と説明しながら調理していた時には驚きました。

素材と使い方

ここでは代表的なフライパンとして、鉄（鋳鉄・鍛鉄）、フッ素樹脂加工のもの、アルミ製のものを取り上げます。フッ素樹脂加工のフライパンの素地の多くはアルミです。これ以外に銅のフライパンもあります。フランス料理はバターを多用するので、銅の熱伝導率の高さ故のバターの溶け方は相性が良いようですが、片手で持ち上げられるフライパンならば、火から外して溶け具合を調節することもできます。

銅には及びませんが、アルミ鍋もなかなかで熱伝導率は鉄の3倍です。一見、熱効率が良い方が良さそうですが、あっという間に熱が通るということです。鉄のじんわりとした温まり方が向いているか、アルミでさっと調理するか。好みに合わせてお使いください。同じ素材でも厚みによっても熱の伝わり方は違います。選ぶ時は素材と厚みを見比べると良いでしょう。

金属には目には見えない「吸着水」という水分がついており、これを熱して飛ばすことが必要です。餃子などを焼く時にフライパンをまず熱し、一度冷ましてから料理を始めるのは、熱したままだと高温すぎて焦げてしまうから。焦げを避けるには「まず予熱して、吸着水を飛ばしてから冷ますこと」です。フッ素樹脂加工のものは、金属の上にコーティングされているので予熱の必要はありません。そもそもフッ素樹脂は高い温度が苦手なので、空焚きはやってはいけないことなのです。

炒める道具など

火に近い道具なので、素材がかなり熱くなります。炒めたりひっくり返したりする菜箸やへらも他の道具より火に近い位置にあることになります。木や竹の道具を使う時は、くれぐれもフライパンに置きっぱなしにしないように。お気に入りの道具が焦げる可能性があります。ステンレスのへらなどは焦げはしませんが、熱くなります。どちらにしても「フライパンにうっかり置きっぱなし」にはご注意を。

鉄フライパン

素材の特徴

鉄は錆びるが、「濡らしたままにしない」「使い込んで油を馴染ませる」に気をつければ怖くはない。中華鍋の場合は、店頭での錆防止にニスを塗ることが多い。初めて使う時に空焚きして「焼き切る」作業は、このニスを除去するため。

熱源

直火がメインだがIH可能なものもある（物理的には可能だが、底の形状と厚みにもよるのでメーカーの説明にしたがう）。電子レンジは使えない。中華鍋は底が丸いので、IHに反応しないことが多い。作家ものは作り手の説明にしたがうこと。

こんな料理に合う

鋳鉄は蓄熱性があり温度を保ちやすいので、ステーキやスペアリブなどの肉料理、揚げものに向いている。パンを温める人もいる。深めのフライパンならソースをじっくり温めながら作れる。鍛鉄の中華鍋はまずチャーハン、作家ものは最初に卵料理を作ると良さが実感できる。

お手入れ

洗剤を使わないでシュロタワシで洗う。お湯でも水でも大丈夫。洗ったらサッと拭いて（油気が気になって拭きたくない場合は濡れたままでも）、空焚きし、しっかり水分を飛ばす。水分が残っていなければ、そのまましまう。水分が残っていなければ錆びる心配はない。

※お手入れの仕方の詳細はP102

ステンレスフライパン

素材の特徴
ステンレスは熱伝導率が低い素材。フライパンの熱調節に慣れるまでは、焦がしてしまうことが多いので強火には注意。使う際は目に見えない微細な吸着水を飛ばすために予熱。熱した後すぐに食材を入れると焦げてしまうので、予熱後は一度冷ましてから使う。

熱源
ガスが基本。IHに使えるのは底面が「18-0ステンレス」など、ニッケル0％のものだけだったが、最近は「オールメタル対応IH」ができたので、熱源の選択は広がった。

こんな料理に合う
熱伝導率は低いが保温性は高いので、じっくり熱を入れる料理に向いている。強火は苦手ですが、弱火から中火のじっくり炒める料理が得意。

選び方
しっかり洗え、銀色の素材は見栄えもする。デザイン性の高いものが多いので、好みのものを見つけやすいかも。ステンレスとアルミの多層になったタイプには重いものもある。

※お手入れの仕方はP122

フッ素樹脂加工フライパン

素材の特徴

アルミにフッ素樹脂を塗装したもの。テフロン™の特許はアメリカの化学メーカー、デュポン社が1941年に取得したもの。フッ素樹脂は耐熱性、非粘着性（撥水性、撥油性）などに優れており、少量の油で調理するにはもってこい。摩擦係数が低いことも撥水性につながっている。

こんな料理に合う

炒めもの、ステーキなどの焼くもの全般に向いているが、揚げものは高温の油でフッ素樹脂を傷める可能性があるのでお勧めしない。

熱源

直火。素地がアルミの場合、IHには反応しないが、IHに使える仕様のものも増えている。IHに反応するものは「18-0ステンレス」などと明記されている。急冷で地の素材と塗布した樹脂の膨張率が合わないと塗装が剥げる可能性があるので、強火と急冷は避ける。

お手入れ

樹脂を剥がさないように、調理の際は木や竹の菜箸、ターナーを使うこと。洗うのは簡単。スポンジに中性洗剤で。タワシなど塗装を刺激するものは使わない。洗い終わったらしっかり拭く。もし、樹脂が剥がれてきたら、早めに買い替えることをお勧めする。

アルミフライパン

素材の特徴

アルミは軽く熱伝導率が高い。振る動きをする、大きなフライパンを使いたい時に最適。アルミに苦手意識を持つ人は、温度調節が難しい、傷つきやすい、焦げつきやすい、きれいにしづらいところが要因のようだが、パスタや卵料理など専用にしても良いかもしれない。

熱源

直火。アルミは電気抵抗が弱いため、IHには反応しない。ただし、オールメタル対応IHが開発されし、アルミも使えるようになった。

こんな料理に合う

熱のまわりが早いので、茹で上がったパスタにソースをからめるのに向いている。熱しやすく温度が安定しにくいので、肉の微妙な焼き加減の調節や揚げものは難しいと感じる人は多いが、揚げもの専用フライパンも販売されている。

お手入れ

初めて使う時に、野菜くずや米のとぎ汁などを煮立たせて膜を作っておくと良い。酸にもアルカリにも反応するので、この膜は取れやすく、取れると水中のミネラルなどに反応し、白いポツポツや黒ずみ（P119）が出てくる。

※お手入れの仕方の詳細はP118

切る・削る・する道具

切る道具色々

　調理に「切る」という作業がなかったら、ろくな料理はできないでしょう。食材をそのまま煮る、焼く、だけではあまりにも単純で料理とも呼べない寂しいものです。火遊び要素の多いキャンプでも、「切る」という行為は必ず必要になります。果物もみかんのように手で剝けるものはありますが、大抵は刃物を必要とします。さらに「切る」だけでなく、「削る」「する」などの動きも「刃」が必要になります。

　切ったり、削ったり、すったりするために必要な機能として、人はその作業を心地よく全うできるよう、道具に鋭利さを求め、素材を選んできました。

　旧石器時代、黒曜石のように目に沿って割れて鋭利になる石器から始まり、弥生時代には加工された金属の刃物が発見されています。

　包丁は中世まで肉や魚を切るために細長い刀のようなものだったのが出刃包丁につながり、やがて野菜を切るために幅広のものが生まれ、それが菜切り包丁になっていきます。その後、昭和30年代に牛刀と菜切り包丁の良いとこ取りの三徳包丁が生まれ、現在のような地位を占めることになりました（包丁の種類はP135）。

　いずれにせよ、日本で包丁はまな板の上で使うもの。海外のように、鍋の上でナイフを動かすのとは根本的に動きが違います。包丁はまな板とセットなのです。

歴史のある「する」道具

「切る」が料理の王道のような感じですが、実はおろしがねとすり鉢も日本の調理道具としては昔から使われています。食べやすくすり潰すことは、石器時代からの食べ方だったようです。脱穀のために使い始めたすり鉢的なもの

は、山芋をすったり、かまぼこを作るなどの調理のための道具になります。古来の人は食中毒を避けるために、煮炊き以外に発酵させたり、干したりして、生物（なまもの）はほとんど食べなかったそうです。殺菌効果のあるワサビ、消化機能を促す大根おろし。このふたつは生で食べる珍しい食材だったようです。全国の民族資料館には、大抵すり鉢が並んでいることからも、いかにすり鉢が使われていたかを物語っています。

　おろしがねは最初、陶器から始まり、金属製も作られるようになりました。ワサビ用にはサメの皮を張ったものもあります。いずれにせよ、扱う際は怪我に注意しなければいけない道具と言えましょう。

後発隊の新道具

　明治の初期に3回来日し、大森貝塚を発見したエドワード・S・モース。彼は日本の生活をこよなく愛し、生涯に数万点の日本の生活道具をアメリカに持ち帰りました。日本では何年かに一度、コレクションしているピーボディー・エセックス博物館からの里帰り展が開かれますが、文明開花に湧き立つ日本人が捨て去っていった道具を大切に残してくれたモースに感謝するばかりです。その中に、ピーラーのようなものがありました。包丁を器用に使いこなす日本人ですが、道具を作ることもまた得意。包丁よりも力を入れず、早く皮を剝く方法を考えて作った道具のようです。

　一般的には刃物の皮剝きですが、ギザギザにした刃をつけ、大根のつまやキャロットラペ用の細さの千切りがあっという間にできるピーラーを「ヨシタ手工業デザイン室」さんが作っており、筆者も重宝しています。

鋼の包丁

素材の特徴

鋼は、鉄（Fe）に炭素（C）を加えた素材です。鉄はそのままではもろく錆びやすいため、炭素を加えることで強度と靭性（粘り強さ）が増し、包丁に適した材質となります。主に片刃の和包丁に使われますが、両刃の洋包丁にもあり、切れ味の良さが特徴です。鋼の包丁がよく切れる理由は、ステンレスに比べて不純物が少なく研ぎやすいため、切れ味が出る形に加工しやすいことにあります。ただし、非常に錆びやすいため、使用後はよく洗い、水気を完全に拭き取る必要があります。特に酸性の強い食材を切った後は注意が必要です。プロの料理人は毎日砥石でメンテナンスを行っています。

使い方

刃物は硬いともろくなり、それを補うために「焼き戻し」で粘りをつける。焼き戻しの温度が高すぎると「なまくら包丁」、つまり切れ味が鈍く（「なまくら」＝「鈍」）なってしまう。くれぐれも、鋼の包丁はガス火に当てたりしないこと。

鋼いろいろ

鋼の包丁を選ぶ際に材の名前が色々出てくる。白紙、黄紙、青紙は日立金属が開発した鋼の種類。SK材は「steel kougu」。炭素工具鋼材のこと。硫黄、リンなどの不純物が含まれているが、手頃で研ぎやすく、広く使われている素材。

※お手入れの仕方はP130

ステンレスの包丁

素材の特徴

鋼の包丁の悩みは錆びること。炭素が少なければ錆びないが、切れ味は悪くなる。ステンレス包丁が登場した頃は、「炭素を減らしたり、クロムを混ぜた包丁は切れない」と言われていたそうだが、様々な調合で使いやすさ、研ぎやすさ、錆びにくさなどの差を出した。釜浅商店さん（P132〜）には、ハイス鋼（高度が高く切れ味が持続）、V金1号（研ぎやすさと切れ味の持続性、耐食性）、V金10号（硬度があり粘り強い）など様々な素材のステンレス包丁がある。

お手入れ

「研がなくても良い包丁」と勘違いされがちだが、使っていれば確実に切れ味は落ちる。シャープナーは一時しのぎなので、包丁のプロは勧めない道具。包丁研ぎに慣れていない方は、プロにお任せ。

セラミック包丁

素材の特徴

セラミックはファインセラミックス（化学組成、結晶構造、微構造組織・粒界、形状、製造工程を精密に制御して製造され、新しい機能または特性をもつ、主として非金属の無機物質）と、歯科医療にも使われるジルコニア（二酸化ジルコニウム。高温で焼結させることにより、鋼より硬い材料ができる）が原料。絶対に錆びないのが魅力。金気を嫌う方にお勧め。

お手入れ

金気が出ない、錆びない、軽い、切れ味が長く続くなどの利点があるが、ダイヤモンドでしか研げないほどの硬さのため、研ぎ直しはメーカーに戻さないといけない。ただし、専用シャープナーを販売しているメーカーもある。落下や衝撃に弱く、硬いものにぶつけると刃こぼれするので要注意。

キッチンバサミ

素材の特徴

錆びにくいステンレスで作られてはいるが、錆びないわけではない。洗った後は必ずしっかり拭いてからしまうように。

選び方

1938年にドイツのZWILLING社が作ったキッチンバサミは、今は「クラシック」という名前で販売されており、持ち手に栓抜きやくるみ割りの機能も兼ね備えている。多くのメーカーがこの形をスタンダードとして製造している。分解できるタイプは、外しやすさや組み立て方が選び方のポイント。廉価なものもあるが、切れ味は値段に比例することが多いので、ほどほどの価格のものを選ぶことをお勧めする。

こんな料理に合う

日本の家庭でこれだけ使われるようになったのは、食べ物の変化にもよる。韓国料理のキムチが一般化され、漬けた状態で買ってきた時、「赤い唐辛子のキムチを木のまな板で切りたくない」と思う人は多く、蟹を食べる時にも必須。なんだかんだ言って、ハサミは困った時に役立つ道具。

お手入れ

しっかり洗って、拭いてからしまう。分解できないものは、重なり部分の拭き取りも忘れずに。分解できるものは、分解する際に片方をうっかり落とさないように。

おろしがね

こぼれ話

原始時代は石皿にこすりつけて潰すことから始まり、似たような道具が正倉院にあるらしい。10世紀あたりから、炻器の産地を中心に作られ始めたと言われる。日本人の食事で、衛生面、保存面などから生野菜を食すことは稀で「従来日本では野菜の生食は大根おろしぐらいしかなかった」と言われるほど、大根おろしは日本の食の歴史の中で重要だった。

選び方

作り手は突起の数、向き、形（鋭さ）、角度、素材、そして安定の良さや持ちやすさなどを考慮して作っている。竹製は繊維がしっかりしているので、力強くおろせる。「鬼おろし」と呼ばれるものは、ザクザクっと大胆な大根おろしが早く作れる。繊細におろしたいなら手打ちの金物。滑り止めが欲しい人はセラミックのものがお勧め。

素材の特徴

銅製のものは錫を引いたものが多い。他にステンレス、アルマイト、陶器、セラミック、竹素材もある。金属臭の有無、目の細かさ、掃除のしやすさなどから選ぶ。

お手入れ

竹でできた専用のスクレイパーがあるが、竹も一緒に削れるので、定期的に買い替える必要がある。使い古しの茶筅を切り揃えて使う方法もある。灰汁を落とし切らないと、写真のような状態になる（関連記事P176）。

※お手入れの仕方の詳細はP141

すり鉢

素材の特徴

素材としては炻器が多い。硬くて粘りもある性質なので、すりこぎですられてもすり目が潰れにくい。すりこぎには薬効成分があり、香りの良いサンショウの木が使われていたが、ホオやヒノキなどもある。いずれも粘りのある木で、力が入ってもその粘りで摩耗をカバーできる樹種。昔使われていたというクワやマツも粘りがある木。

フォルム

浅めであったり、縦長だったり、目の数や向き、角度の違いが見どころ。食卓にそのまま出せる形だと、食材を移し替える手間も食材の無駄も省ける。

こんな料理に合う

とろろのように食材を直にすり目に当ててすり、そのまますり鉢ですり混ぜるのは、すり鉢の王道。胡麻も同じく、すった後、そのまますり鉢で和えて胡麻和えに。

お手入れ

作り手にすり目に入り込んだものの取り方を尋ねたら「とにかくすり鉢ですったものが好きなので、油とかお酢を入れてドレッシングにしたり、牛乳やスープを入れて中身を全部取って料理に使うので、あまり詰まらない」と言っていた。正攻法ではシュロタワシ、おろしがねで使う竹のスクレーパーも良いと思う。ちなみに「胡麻をする」は、あちこちにくっついている胡麻をおべっか使いに言いなぞらえた言葉のようだ。

※お手入れの仕方は P141

まな板の歴史

　まな板は平安時代の辞典「和名類聚抄」に「真奈を調理する板」とあるそうです。「真奈」とは魚や鳥などの中心的な副食を意味した言葉です。日本家具史研究の第一人者、小泉和子さんが調査されたところによりますと、かまぼこ型の足付き、平面型の足付き、平面型の足なし、両面使用タイプの4タイプあったとか。当時は生臭い魚や鳥を調理する時は「まな箸」という箸で押さえながら包丁を操っていたそうです。「生贄を捧げる」という意味合いの行事だったことも箸を使った理由のようです。中世になると、「もてなし」「パフォーマンス」として、包丁裁き（まな箸付き）を見せ始め、「包丁師」という職業が生まれました（流派も生まれるほどでした）。その後、まな箸は廃れ、まな板だけ残りました。外国人はナイフを使って反対の手に持った野菜や肉などを鍋の上で切ることもありますが、日本人にとっては常に包丁とまな板はセットです。このまな板の足がなくなったのは、「土間での台所仕事から、立って洗える流し場ができた時代」と、料理家の村上昭子さんは書かれています。ちなみに、立って仕事ができる台所ができたのは大正時代だそうです。

まな板は包丁の女房役

　キャンプの時などに、包丁は持ってきたけれどまな板を忘れて困った経験を持つ方もいらっしゃるでしょう。友人の家で手伝おうとして、包丁は二丁あるのにまな板が一枚で手伝えなかったこともあります。単なる板ではありますが、その役割は重要。どんなに切れる包丁も受け止めるまな板がなければ仕事はできません。

　以前、刃物の「木屋」さんにまな板のことを伺った時、「よくぞ、うちに来てくれました」と言われました。まな板は単なる板ではなく、包丁の女房役なのです。包丁を受け止め、気持ち良く切ることができるのも、刃を傷めずキレを長持ちさせるのも、まな板の性質が大きくものを言います。「単なる板」ではなく、ぜひ包丁との相性を考えて選びたいものです。

衛生のこと

　キッチンバサミのページに「キムチをまな板にのせたくない」と書きましたが、まな板は常にきれいにしておきたいものです。木のまな板は常に水を含んでいる上に、刃傷に細菌が繁殖しやすい。反る可能性があるので熱湯消毒は推奨されていないし、漂白剤も染み込むので使いたくない。となると樹脂製のまな板が良いのか？という話になりますが、しっかりと洗えば、菌は繁殖しないという結果が出ています。木には本来、抗菌作用があります。そして復元能力もあります。タワシでしっかり側面も含めて洗えば、衛生を保てるのです。

　プラスチック製のまな板が発売されて以降一気に増えましたが、刃の受け止めには硬すぎるものが多いようです。釜浅商店（P132〜）さんは「エラストマー」とも呼ばれている酢酸ビニルというゴムに分類されている素材を勧めています。木製のまな板に近い刃の受け止め方、漂白剤も使える安心感などがあります。ゴムと樹脂の中間の性質を持っており、一般的に価格は高めです。

木のまな板

素材の特徴

素材は基本的にイチョウ、ヒノキ、ホオの3種類。いずれも粘りのある木。まな板は刃を受け止める「粘り＝弾力性」がものを言う。イチョウの刃への吸い付きの気持ち良さは群を抜き、断然イチョウびいき。ただ、イチョウは値段が高めなので、躊躇する人にはヒノキがお勧め。

お手入れ

使う前に水で濡らすと汚れにくくなる。使用後は洗剤を使わずにタワシで水洗いするか、粉クレンザーを使う。側面を洗うことを忘れずに。天日干しは乾きすぎて木が反る可能性があるので陰干しに。菌が気になる人は殺菌効果のあるクエン酸がお勧め。無水エタノールをかけて除菌する方法もある。

フォルム

山一（P80～）の柴原孝さんは「木目が細かく平行に並んでいる柾目材は包丁の刃当たりが良く、包丁にも優しい」と言う。柾目材は丸太の中心に向かって直角に切り出したもの。反りや狂いがなく、水切れの良いのが特徴。

しまい方

風通しの良いところに木の目が縦になるように立てかける。裏面を壁にくっつけて立てかけているとカビる可能性があるので、自立するまな板立てがあると良い。

※お手入れの仕方の詳細はP76、まな板の削り直しはP82

プラスチックのまな板

素材の特徴

まな板に使われているプラスチックは主にポリプロピレンとポリエチレン。プラスチック業界では「石油に由来する高分子物質（主に合成樹脂）を主原料とした可塑性の物質」と定義。炭素原子と水素原子などからできており、燃やすと二酸化炭素や水が生成される。プラスチックは漂白剤で滅菌できるという保健所の指導で、飲食店のまな板はプラスチックに一気に変わった。しかし、漂白せずに適当に洗っていたら雑菌は残る。2020年に食品衛生の国際基準であるHACCP (Hazard Analysis and Critical Control Point（危害分析に基づく重要管理点）が義務化され、表面をコーティングしたり、抗菌剤を混ぜ込んだ「抗菌加工のまな板」が盛んに開発されている。抗菌剤として使われているのは主に銀イオン。銀イオンに菌が接触すると不活性化するという理論だ。酸化チタンを混ぜているものもある。プラスチックは軽いが、硬くて包丁の力を吸収できずに疲れると感じる人も多い。

ゴムと同義の解釈の「elastic（弾性）」と「polymer（高分子化合物）」の合成語であるエラストマーという合成樹脂のものは、プロからも刃の受け止めが良いと言われている。ただし、包丁には優しいが重さがある。

お手入れ

木と違い、洗剤、漂白剤、熱湯などで洗える。アルコールももちろん使用可能。硬いプラスチックだが、微細な傷はつく。

風と水を通す道具

昔から使われていたのは竹。竹のエナメル質の外皮は水に強く、水や風を通す作業が多い用途にはもってこいです。柔軟性のある繊維質は編み込みの作業にぴったり。竹は長さがあるので、梅干しや椎茸などを干すための大きなざるも作れます。台所では手に持って作業をしますし、干す時には移動が多いので、軽さも重要なポイントです。

竹のかごの中で一番多く見られるのは真竹のもの。孟宗竹は身が厚く、ひごを作るのに難儀します。真竹でも青々とした状態のまま作業をする「青竹」と、油抜きという作業をする「白竹」とに分けられます。青竹は手間がひとつ少ない分、野良仕事の雑器のイメージでしたが、昨今はこの青竹の生命力を評価する人、そして工芸品としての美しさを活かす作り手が増えてきました。竹は油を抜く（火で炙って油を抜く場合と、苛性ソーダで煮る場合とがある）と象牙色になります。青竹も使っていくうちに象牙色から飴色に変わっていきます。

東北や長野の戸隠など寒い地域では笹に近い「すず竹」や「根曲竹」が使われます。「編組のまち」として全国的にも有名で、2003年に経済産業省の伝統的工芸品に指定された福島県会津地方の「奥会津編み組細工」では、全国でも珍しい「またたび」の米とぎざるを作っています。またたびは柔らかく、水切れの良さとしなやかな質感なので米をといでも米を傷めないとファンは多いです。

竹は竹藪から、またたびは山から、それぞれ人力で採りに行かねばなりません。竹は量にはこと欠きませんが、採る人の減少が問題になっています。

金網の技法は江戸時代から腕の良い職人が生まれたようですが、竹では作りにくい形を作ることができるようになり、しだいに重宝されるようになりました。骨董屋などで見かける鉄の針金のざるも風情はありますが、どうしても錆が出てしまいます。金属のざるは、やはり錆びにくいステンレスが良いようです。編まずにステンレス板に細かい穴を開けた「パンチングメタル」のステンレスざるは、網目の交差がないのでものが詰まらず、洗うのも楽で人気があります。戦後はプラスチックのざるが登場し、竹製品は減っていきます。手間はかかるが金にはならない竹編みの仕事をする人が減ったり、人件費が上がったりするにつれ、商売人は商売の方法として（格好よく言うと）「海外への技術移転」を進め、安い賃金の海外に竹編みの技術を根付かせました。そのために竹細工は手間のわりに安く見られる状態が続いています。

ざるは働き者。価格高騰はやむなし

「ざる」というと、ズボラな会計だったり、酒を底なしに呑んだりとあまり良いようには使われない言葉ですが、ざるそのものは実に働き者。水切り、湯切り、濾す、干す、篩う。風の通る容器として、野菜入れや洗いもののかごにも使われます。今後「竹のざるが高くなった」と思われるかもしれませんが、やっと手間賃に相応の価格になりつつあるのです。長く使っていくために、使うたびにしっかり乾かしましょう。

竹のざる

素材の特徴

水切りとして、鍋の材料やそばなどの食材を盛る器として日本の食卓に欠かせない。素材に竹が選ばれるのは、竹の耐水性としなやかさから。耐水性はあるが、しっかり乾かさないとカビてしまう。量産が難しいので必然的に数は少ない。

真竹は青竹と白竹で職人さんが分かれるが、いずれもたくましさを感じる。笹に近い細い竹、長野県戸隠などで採れる「根曲竹」は直径7〜20㎜。長野の松本や岩手の鳥越地区などで採れる「すず竹」は直径5㎜ほど。他に7〜15㎜の篠竹を使う地域もある。いずれにせよ、細いものから表皮を取るので、本数が必要となり、とても手間がかかる繊細な作りだ。

お手入れ

洗剤は使わずにシュロタワシで洗う。洗ったらしっかり振って、網の交差部分に溜まった水滴も落として乾かす。戸棚にしまいこまず、風通しの良い場所に置く。

※お手入れの仕方の詳細は P154

ステンレスのざる

2種類のステンレスのざる

ステンレスの網に枠をつけて作るステンレスのざるは、網の重なり部分にものが詰まりやすいなどの不具合を感じることもあるが、網目は細かい。ステンレスの板に穴を開けたパンチングのざるならば掃除はしやすいが、前者よりも穴は大きい。

フォルム

足付きのものは底が浮くので衛生的。持ち手がついているものは片手で作業ができる。持ち手の反対側にフック状のものがついているのは、鍋に引っ掛けられて橋渡しができるので両手が使えて便利だ。

お手入れ

スポンジに中性洗剤をつけて洗い、水でしっかりすすいで洗剤を落とす。

ボウル

明治時代になってから登場

キッチンボウルが生まれたのは比較的近年になってからのようです。明治になって天ぷらなど新しい料理を家庭で作るようになり、桶やたらいではこと足りぬことになってきたのに加え、アルミや琺瑯という素材が普及して、ボウルは一般家庭で使われるようになります。泡立てる、混ぜる、捏ねる、など力を入れる作業が多いので、ステンレスや琺瑯、ガラスの場合は強化ガラスでどれもすべすべの質感。陶器は重さと割れやすさとざらつきからこの動作には無理があり、作られていません。軽い樹脂もありますが、力を入れる泡立てには向きません。木のボウルといえば麺のこね鉢ぐらいで、いわゆるキッチンボウルはありません。

ステンレスやガラスなど素材は色々

アルミや琺瑯、ステンレスのボウルは縁がカールしており、その縁の間に粉や水分が入り込むことがストレスと感じる方も多いでしょう。このカールは、素材の強度を増すためのもの。切りっぱなしの板材では鋭利で危険、耐久性もないですが、丸めることで強度が増します。ガラスのキッチンボウルは耐熱ガラスです。熱に強いだけでなく強度もあり、衛生的で中身も見え、キッチンボウルに向いた素材。ただし、ステンレスより重くなることは否めません。

様々なサイズを揃えたい

泡立てる、混ぜる、冷やす、溜める、仕込む、調理途中の食材を入れておく、その他様々な用途に活躍する、台所になくてはならない道具のボウル。サイズはシリーズで3㎝刻みで作られることが多いですが、それぞれのサイズの使い勝手が良く、思わず全サイズ揃えたくなります。

「conte」という縦に長く、口径が小さめのキッチンボウル（P42）を見た製菓関係の方が「泡立てが早そうね」とおっしゃったことがあります。泡立ては「回数」です。直径が小さいと、それだけ回る回数が増える。必然的に泡立てが早くなるという論法です。この直径が小さいボウルは「動き」を「縦」にします。横広がりのボウルだと、かき混ぜる時、動きが「外」に向き、中に入っている材料が外に飛びがちですが、直径が小さい縦長のボウルだと、動きが上へ上へとなり、外に散らばることが格段に減るのです。

キッチンボウルがそのまま野菜の水切りになるようなスピナー（回転するブレード）をセットにしているメーカーもあります（チェリーテラスの「オールラウンドボウルズ」）。

昔は台所でしか使わなかったキッチンボウルですが、最近はデザイン性が良く、そのまま食卓に並べても遜色のないものも増えています。

ステンレスのボウル

素材の特徴

キッチン道具の素材として優秀なステンレス。軽くても丈夫な素材のため、キッチンボウルには一番使われている。かつてはアルミが主流だったが、丈夫なステンレスの登場で、柔らかく凹みやすいアルミのボウルは影が薄くなった。

お手入れ

ステンレスは文句なしの素材だが、指紋が気になることもある。その場合、酸素系漂白剤などを使うと、きれいになる。

フォルム

多くのステンレスボウルは強度を出すために縁を丸くカールさせている。しかし、そのカールのために中身を移し替える時、液だれしてしまう。厚めのステンレス板を使い、カールしなくても丈夫なボウルが何種類か登場している。新潟県燕市の「conte」は、口のカットを工夫し、液だれしないデザインで特許をとっている。同じサイズのものを買う場合、ものによっては重ねたときにはまり込んでしまうこともあるので、注意して。

ガラスのボウル

素材の特徴

素材は耐熱ガラス。厚みがあって少し重めだが、中身が見えるので、サラダなどは和えてそのままテーブルに器として出せる利点がある。電子レンジにそのまま入れられることも他の素材にはない特徴。力を入れて泡立てる動きには向いていない。電子レンジに関しては、各メーカーの注意書きにしたがうこと。

お手入れ

特に注意点はないが、落下にはくれぐれもご注意を。金属のように縁が丸くなっていないので、粉や水が溜まるストレスはない。

琺瑯のボウル

素材の特徴

ガラス質でコーティングされた琺瑯は、見るからに清潔感を感じる。衝撃に弱く、ぶつけたり落としたりすると、塗装が剥げる場合もある。きちんと作っているメーカーのものならば、下地がしっかりしているので素地の鉄が露出することがなければ錆びる心配はない。

フォルム

色のバリエーションがあるのが嬉しいところ。基本的にはステンレスボウルと同じ形。

お手入れ

縁はステンレスと同じく耐久性を持たせるためにカールしている。この部分に粉や水が入らないように注意する。水が入った時には振ってできるだけ出すように。

せいろ・おひつ・弁当箱

白木の調理道具

「水分を呼吸する」という木の性質を生かした道具が日本にはたくさんあります。その代表格がおひつ、弁当箱、そしてせいろでしょう。木は炊き上がった米の水分を程よく調湿してくれます。おひつの構造は板状にした木材を湯などに通して柔らかくしてから曲げる、いわゆる「曲げ物」。もうひとつは短冊状の木片を輪のように繋げていき、どこまでも大きく作れる「桶細工」。構造上、桶細工の方が厚みが出て重くなります。曲げ物は薄い一枚の板がぐるっと1周しているので、冷蔵庫に入れて乾燥しても不具合はそれほど生じません。一方、桶は一片一片が厚い上、短冊がつながっている構造なのでそれぞれが乾燥で縮み、締めているたがが落ちる場合があります。よって冷蔵庫には入れられません。

いずれも買った時の木の白さは保てません。「白木のものは使い込んでこそ」と頭に叩き込み、しっかりタワシでこすって洗ってください。

中華せいろと和せいろ

このふたつの違いは構造にあります。構造はともに木を曲げる「曲げ物」。肝心の「どちらがどの料理に向いているか」は、甲乙つけ難いのが正直なところです。

中華せいろの枠は中が空洞になっています（一枚仕立てのものもあります）が、和せいろの枠は一枚の木の板。中華せいろのふたは竹を編んだもの（経木を編んだ竹で挟んである）、和せいろは木の板です。このふたつが大きな違いです（中華せいろの作り方はP86〜）。

四角いアルミ鍋などに蒸し板を入れた金属のせいろもあります。これらには蒸気穴しかないので、ふたの裏についた蒸気がそのまま中の食べ物に落ちてきてしまいます。

弁当箱に関する失敗談

「無塗装の曲げ物の弁当箱ほどご飯をおいしい状態に保てるものはない」と人に言い続けていたのですが、20年ぶりにお弁当箱を使う機会ができて気づいたことがあります。取引先に社員全員がお弁当を持参する会社があったので、自分もお弁当を持参し、昼食に混ぜてもらいました。食べる時は「やっぱり木の弁当箱のご飯は冷めてもおいしい」とウキウキだったのですが、いざ食べ終わったら問題が発覚。「洗いたい」という思いが募ったのです。幸い、その会社は皆さん自分のお弁当箱を洗っていたので私も洗えたのですが、いざ流し場に立った時、スポンジと金属タワシしかなかったので戸惑いました。「シュロタワシが欲しい」と。次の打ち合わせの時にはシュロタワシを持って行きました。さらに欲を言えば「洗った後、退社までの間乾かしておきたい」気持ちでした。この体験以降、ご飯のおいしさだけでなく、「洗う・乾かす」までを説明に加えるようになりました。そして、20年前の、洗って乾かしておくことができた会社員時代をなんとなく思い出したのでした。

中華せいろ

素材

ヒノキやスギなどの針葉樹、竹のものもある。「香りが良いので竹が一番！」と竹を愛用する人も多い。

こんな料理に合う

ふたと身が同じ深さなので、ふたを開けた時に身の方から料理がしっかり見えるのが醍醐味。そのまま食卓にも出せる、と人気。

フォルム

ふたは深く竹で編んだもので、身と同じ深さ。底は取り外しができない。蒸し板は別売り（鍋にそのまま置く場合もあるが焦げる可能性がある）。わっぱが一重のものと、内と外にわっぱを二重にかけ、間が空洞になったものもある。

お手入れ

洗剤を使わずにシュロタワシでゴシゴシ洗う。その後、振ってみて中に水が溜まっているなら、真水で空蒸しし、しっかり熱気を飛ばして乾燥を確認してからしまう。戸棚にはしまわず、風通しの良い、目に見える場所に置いておくと、使う機会も増えるはず。

※お手入れの仕方の詳細はP78

和せいろ

せいろ・おひつ・弁当箱

歴史

弥生時代には「甑(こしき)」という穀物を蒸すための焼きものの道具が日本にはあったというが、長らく蒸し器は米を蒸すためだけにあったようだ。飛鳥時代には木製に変わり、瓦の入る漢字は使われなくなったという。明治以降は米以外の芋を蒸すなど、蒸す調理法が増えてきた。

素材の特徴とフォルム

素材はスギやヒノキで、曲げわっぱの技法で作られている。ふたには木の板、井桁状の底には取り外しのできるすのこがのっている。身の深さ＝中身を入れる深さ。写真のような蒸し板はセットになっている場合が多い。

お手入れ

食材を直にのせたすのこは外して洗える構造なので、「しっかり洗いたい」「簡単に乾かしたい」人に和せいろは向いている。洗剤は使わずにシュロタワシでゴシゴシ洗ってそのまま乾かすだけ。重曹は変色するので使わないこと。

こんな料理に合う

元々は米を蒸すための道具だったので、冷凍した米の温め直しはもちろん、意外かもしれないがパンを蒸しても。せいろで蒸した野菜はなぜか冷めてもおいしい。

※お手入れの仕方はP78

1章 台所道具の選び方

おひつ

真の用途

おひつはご飯を長持ちさせる道具ではなく「炊いた米をおいしく仕上げる道具」。炊きたてのご飯はもちろんおいしいが「熱々よりも少し時間をおいたほうが本当の米の甘みが伝わる」と言う料理家がいるほど。おひつで程良く調湿し、温度が落ち着いたご飯の味をお試しあれ。

使い方

我が家では「炊く→蒸らし10分→おひつによそって10分」がセットで、やっとご飯が炊き上がったと感じる。おひつに移して時間が経った冷やご飯のおいしいこと。「おひつはおいしい冷やご飯を作るための道具」と言う人もいるほど。

お手入れ

中性洗剤は使わずシュロタワシでゴシゴシ洗う。どうしても汚れが気になる人はクレンザー（粉）かクエン酸を使って。その後、布巾で拭いてしっかり乾かしてからしまう。湿気が残った状態で使い続けるとシミがつきやすくなるので、一晩で乾かない場合は、次の日はおひつの使用を我慢して、完全に乾いてから使うようにする。黒ずみはカビの場合と、木のタンニン分と米のでんぷん質が反応した2タイプある。扱いのプロでもこの差はわかりにくい。黒ずみにやすりをかけて取り除くこともできるが、そのまま使い続けても問題はない。

白木の弁当箱

素材の特徴

無塗装のものは程良くご飯の水分を吸収するが、ウレタン塗装のものは水分を吸収しない。無塗装の木製のものがご飯をもっともおいしく保つ。

こんな料理に合う

おかずの部分に汁や油がつくことを嫌がる人も多いが、染みたものは使い込んでいくとだんだん馴染んでくる。余っている弁当箱を「余りご飯用のおひつ」として使うのもお勧め。

※お手入れの仕方はP77

漆の弁当箱

素材の特徴

お弁当は食べるまで時間があるので、食材の傷みは気になるところだが、漆の成分であるウルシオールには抗菌性があるので傷みにくい。ただ、漆がコーティングされているためご飯の吸湿はほとんどしない。しかし、漆で食事をする贅沢な気分は他の何ものにも変えられない。

お手入れ

水だけで柔らかいスポンジで洗う。気になる人は中性洗剤を使っても良い。水分を拭き取れるので、乾燥を待たずにすぐに使える。

混ぜる・すくう道具

地味だけど必須で難しい道具のへら

　台所でなんとなく数が増えていってしまうへら。混ぜる、はらう、寄せる、すくう。ちょっとした作業ですが、これらがあるとないとでは大違い。

　素材としては、金属と木、竹、そして樹脂があります。金属は薄くて丈夫。目玉焼きはステンレスのターナーによって、きれいによそうことができる確率が格段とアップします。木は触れる素材を傷めません。ボウルや鍋からクリームなどをはらう時、樹脂のしなりは最高の働きをしてくれます。こんなことを考えているとへらがどんどん増えてしまいます。ではいったい、どんなへらが良いのでしょうか。

　とても使いやすい木べらがあったのですが焦がしてしまい、似たような別のへらを買ったところ、使い心地がまったく違ってびっくりしました。たかがへらですが、ちょっとの角度、厚み、仕上げで大きく違います。経験上、良いものは見た目で選べると思っていただけに、ショックの大きい体験です。

日本人と木の道具の関係

　工業デザイナーの秋岡芳夫さんは、木を愛し、造詣も深く、多くのコレクションを有していましたが、『JAPANESE SPOON AND LADLES』という本の中で、このように書き記しじいます。

1. 日本の料理の味は淡白だから金属イオンを発生する金属の道具は使えない。
2. 日本の食物は熱い。熱いものを移しかえたり、口に運ぶのには木や竹の方が適している。
3. 木のへらやしゃもじは木の器を傷めること

が無い。金属製の鍋や釜を炒めることもまたない。

4. 日本人は木のものを好む。

　この流れから行くと、洋食が入ってきて金属の道具が必要になったということですね。

道具との関係性

　包丁とまな板の関係のように、混ぜる、すくう道具は「何か」とペアで使われます。泡立て器ならばボウルと、レードルならば鍋と、へらならフライパンと。その道具との相性を考えると自ずと、使いやすさが見えてきます。

　強い力を入れて金属ボウルを傷つけないよう、シリコンの泡立て器もあります。

　丸いお玉はスープをたっぷりと入れられますが、鍋底の角に当たらず、スープを取り切るには難儀します。レードルは片方に注ぎ口が付いていて、この片口の尖ったところは注ぐだけでなく、鍋の隅のスープをすくうのにも重宝します。

　へらは前述の通り、ステンレス、木・竹製、樹脂のそれぞれが道具との兼ね合いで、より使い勝手が活きてきます。

　再度、秋岡さんの話ですが、各地の作り手をまわり、漆の工房で使う三角のへらが調理用に良いとエッセイに書かれてから、その形を調理用として販売するメーカーも現れました。本来は漆の下地塗りの作業に使うもので、程良い角度と木のしなりが、料理にとても便利だったのです。このへらはかなり薄く、ステンレスに近い働きをします。興味のある方はぜひお探しください。竹もかなり薄いへらが作れることを付け足しておきます。

木製の混ぜる・すくう道具

素材の特徴

木のへらは使い込むと、減っていき、形が変わっていくのも醍醐味。加工が楽なので個人の木工作家も多く作るアイテムなので、それだけ選び甲斐がある。ウレタン塗装のものと、無塗装でやすりで仕上げるもの、カンナで仕上げる作家ものがある。やすり仕上げは、小さな傷がある状態なので食べ物がつきやすい。カンナ仕上げは鋭い刃の面で木の傷をなくしているので、食べ物のつき方がまったく違う。へらをカンナで仕上げる作り手は少ないが、見つけたらぜひお試しを。

選び方

フッ素樹脂加工の道具を使う時は、塗装を傷つけない木製または竹製のものを。しゃもじはご飯のくっつきにくいものを選びたい。木にウレタン塗装のものは比較的つきにくい。無塗装のカンナ仕上げのものも良いが、手に入らない場合は樹脂製も選択肢のひとつに。

お手入れ

木製のものはフライパンに使う時、焦がさないように注意する。保管するときはカビに気をつける（P75）。

金属製の混ぜる・すくう道具

素材の特徴

圧倒的に多い素材はステンレス。作家が真鍮で作ることも稀にあるが、錆びにくく、加工かしやすいステンレスが一番ということだろう。薄くて丈夫なステンレスの板材はすくう作業に適している。目玉焼きをすくうには、ステンレスの板材の薄さを活かしたへらがお勧め。レードルも鍋底の汁までしっかりすくえるのは、薄くて丈夫な材のステンレスだ。ただエッジが効くということは傷つける可能性もあるので、フッ素樹脂加工のフライパンなどには向かない。

しまい方

いずれも持ち手の先に穴が空いているものも多く、台所にフックがあれば、掛けておくとすぐ使える。しっかり洗えるのも、長持ちするのも金属の利点。

※お手入れの仕方はP110

多彩な和食器

洋食器は、パン皿、サラダ・デザート皿、スープボウル、フィッシュ皿、ミート皿、そしてティーセットなどのコース料理に最初から最後まで同じ柄を使う場合が多いですが、和食は料理ごとに違う種類があり、作り手も違い、素材も違う、とうつわの種類の多さは世界に類を見ません。

飯碗、汁椀、箸置き、湯呑み、急須、徳利、盃といった決まった用途のものもありますが、皿や鉢のバリエーションの固有名詞は、和食器の専門店に行ったことのない人は、聞いただけではどんなうつわか想像できないものも多いでしょう。例えば、とんすい、小附、向附、小吸い物、珍味入れ、割山椒、のぞき……など。クイズができそうなほど、多彩な名前が並びますが、和食器業界では普通に使われています。サイズを「寸」で測る和食器。3寸は塩や醤油、4寸はちょっとしたおつまみや先付け、5〜6寸は取り皿や取り鉢、6〜7寸はおかず、8〜9寸はメイン、9寸〜1尺（30㎝）は大皿や盛り鉢として食卓にドンと構えさせる感じでしょうか。陶器は色と質感も様々。大きめのうつわにちょっとだけよそって「間」を楽しんだり、何品かのせたりして楽しむのも粋。

素材を組み合わせる

素材の組み合わせも海外と日本では違います。西洋では、ティーポットやミルクピッチャー、エッグスタンド、ケーキスタンド、ナプキンリングなど金属がたくさん使われています。日本では陶磁器とともに木製品や漆器が多用され、金属は燗酒をつけるちろりぐらい。ガラスに関

しては、飲み物用と思いがちですが、ボウルや皿を使い慣れてくると、食卓が新鮮な雰囲気になります。親子でガラス作家の安土忠久さん、草多さんのお宅にお邪魔した際、食事が始まると、テーブルの上の食器の8割はガラスでした。耐熱ガラスではないですが、ホットプレートで焼いた焼肉（その日は飛騨牛の焼肉パーティーでした）ぐらいはまったく問題ありません。洗う時にガラスが食器かごに並ぶ姿が気持ち良く、ガラス食器の魅力を教えてもらいました。

贅沢ですが「漆づくし」もオツです。お膳、飯椀、汁椀、小鉢、メインディッシュ。湯呑みはお茶の色が見える陶磁器が良いですが、その他は全部漆でも良い、いえ、漆が良い、とさえ思います。全部が黒や溜色（赤いベンガラを混ぜた下地の漆の上に少しだけ鉄を加えた精製漆を塗った茶色いもの）でも、それぞれの色艶の質感が違うので、まったく単調になりません。何より漆は食べものをおいしく見せてくれます。ぜひお試しください。

和食器の悩み

和食器好きの悩みは「収納」です。大抵の作り手は「寸」で作っているので、作家が違えど重ねることができますが、高台と他の器のカーブが微妙に合わないと安定が悪い。種類が多いのでうまく重ならない道具も多い。数が増えてくるとなかなかうまくいきませんが、布や紙を間に挟むと安定が良くなる場合もあります。うつわを傷つけず、倒さず、そして楽しく見えるように収納したいものです。

陶器

素材の特徴

「陶器は吸水性があり、磁器は吸水性がない」と言われるが、緻密で白い素地の「精陶器」に釉薬（ガラス質のうわぐすり）がかかっていれば、それほど染みることはない。反対に「粗陶器」は色のついた土で素朴な味わいが特色（「精陶器」「粗陶器」はP139）。

選び方

和食器専門店が減ってきているが、こだわりのある和食を使いたいならば、専門店で和食器の種類や奥深さを知っていただきたい。

お手入れ

最初は水に浸してみて、どのくらい吸水性がある陶器かを確認する。水の跡が残ったり、拭いてもしっとり感が長く残ったりするものは吸水性が高いので、油ものをのせるとシミがついたりカビる可能がある。ただし、大部分のうつわはそこまで神経質にならなくても大丈夫。

しまい方

完全に乾いてからしまうこと。触って湿気を感じなければしまってOK。密閉性の高い食器棚に入れた場合、湿気がこもってカビる可能性がある。収納時にあまり重ねると、下にあるものを出すのが億劫になる。引き出しを使うなど、常に取り出しやすさを考えると良い。

※お手入れの仕方の詳細は P140

磁器

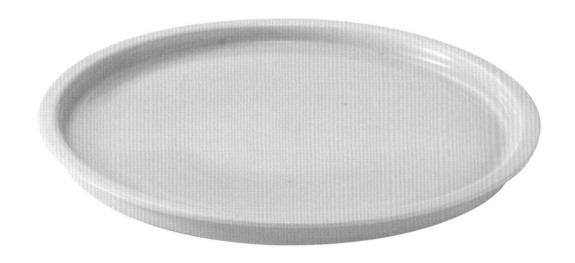

素材の特徴
陶器より高温で焼いているので丈夫で吸湿性がないのが磁器の特徴。汚れがつかないから磁器が好きという人もいる。陶器のように風合いは出ないが、磁器が好きな人はそのクールさを好む。陶器より薄く作れるのも磁器ならでは。

お手入れ
陶器よりも高温で焼いているので磁器は丈夫という認識で良い。理論上は電子レンジにも食洗機にも耐える素材だが、作り手の使用説明書にしたがうこと。「上絵」のものは、こすりすぎると剥がれることもあるため、こびりつきがあってもスポンジのザラザラ面は使わずに柔らかい面で洗う。

こんな料理に合う
日本人の食卓には、和洋中イタリアン、他にも世界中の食事が並ぶが、それをすべて受け止めてくれるのが磁器。和食と違い、油やトマトソースやカレー粉など、色が強いものもある海外の料理。大好きなうつわに色がつくと悲しいが、磁器ならば吸水性がないのでシミにはならない。

しまい方
洗った後もガラス質の釉薬で守られているので、吸水性のある布巾で拭けば水分は残らない。拭いたらすぐに食器棚に入れて良い。

半磁器

素材の特徴

半磁器には大正末期に三重県の水谷寅次郎が開発した杯土（土のブレンド）が使われている。焼成変形が少ないので大物を作ることができたり、ある程度の耐火性があるのでオーブンに入れられたりするなどの特性があるため、輸出用の食器として産業を支えた素材。電子レンジにも使える。陶器より焼き締まるため、その質感を好んで半磁器の杯土を使う作り手もいる。

フォルム

大きなものを作っても変形が少なくて軽めなため、パーティー皿なども作られている。

こんな料理に合う

「電子レンジのための素材」という四日市の窯屋さんもいるほど。レンジで作る料理に向いている。

お手入れ

原理的には電子レンジ、オーブン、食洗機すべて使えるが、作り手の注意書きにしたがうこと。陶磁器以外の素材が接合されている場合は、どれも使えないことが多い。

炻器
せっき

うつわ

素材の特徴

炻器は「せっき」と読む。あまり馴染みのない漢字だが国字（日本で考案された漢字）。英語の「stonewear」を表すために作られた漢字なのだろう。吸水性と透光性はない。これは「土」だが、高温で焼き締まる。備前焼、越前焼、常滑焼などが有名。

フォルム

備前焼のうつわは型を使わない、手ろくろでの成形が一般的。常滑焼や萬古焼も炻器だが、作られるものはほぼ急須。

こんな料理に合う

炻器の代名詞の備前焼は「かめ・壺・すり鉢」がかつてのメイン生産物だった。その昔、備前のかめに水を貯めておくと水が腐りにくいと言われ、籠城を長引かせることができたとか。備前焼には微細な気孔と若干の通気性があるため、長時間生きた水の状態が保たれると言う。

しまい方

焼き締まってはいるが釉薬はかかっていないので、布巾で拭いても水分が若干残る。カビを誘発させないため、触ってしっかり乾いた状態になったことを確認してからしまうこと。

※お手入れの仕方は P144

1章　台所道具の選び方

漆のうつわ

素材の特徴

漆の木肌に傷を入れると、漆の木が傷を塞ごうと出した樹液が「漆」。かつては絢爛豪華な蒔絵のものなどが漆らしいと感じる人が多かった。昨今の流れで「普段使いの漆器」を作る人が増え、塗ったままの艶消しの状態が美しいと感じる人も多くなった。

電子レンジ可能な漆？

電子レンジと食洗機は不可。使用すると、変形したり塗装が剥がれたりすることに。これは木が熱の変化に対応できないためだ。「電子レンジに使える」と表示されているものは素地が樹脂の「合成漆器」（消費者庁の区分）。

選び方

どんな料理でも漆器に盛り付けるとワンランク上に見えるから不思議。漆器ビギナーならば、やはり汁椀からスタートするのがお勧め。毎日使うことで、漆器の良さを実感できるはず。そして、飯椀、皿、鉢、お膳など様々な漆器に挑戦を。

お手入れ

「質感が良い」のが漆器の特性。ぜひ手で洗って拭いて。質感の良さは「柔らかさ」からきている。それは「傷つきやすい」と表裏一体。ゴツゴツした備前焼の器などに重ねると傷つく場合がある。「ガラスは割れやすいから、別に洗う」のと同じ。他の素材のものと一緒に洗わないこと。

※お手入れの仕方の詳細は P90

木工のうつわ

白木

素材の特徴

本当の意味での「白木＝無塗装」はあまりない。スギの曲げわっぱの無塗装のパン皿はあり、パンの蒸気を木が吸い取っておいしくなる。バターが染みた時は絶望的な気持ちになったが、シミがだんだん馴染んできて気にならなくなった。

お手入れ1

無塗装のお盆や茶托は「拭き込む」ことで良い艶に育っていく。古道具屋で長年拭き込んだお盆をたまに見かけるが、新品ではありえない深みが出ている。樹種によっても表情は違うので色々試すとおもしろい。

お手入れ2

濡らすと木が乾く際に水分の調節によって反る場合がある。木は濡らすと膨張し、乾く時に収縮する。無塗装のお盆や茶托は、乾拭き、もしくは布巾を硬く絞って拭く。もし反ってしまったら、一晩裏返すと戻る場合がある。

オイル仕上げ

素材の特徴

素地にウレタンやガラス塗装をかけてからオイルを塗って仕上げている作り手もいるが、理由は「洗ってオイルが抜けて木がカサカサな状態になると、途端に使わなくなる人が増えるのでその対処」や「シミや木の乾燥で反ってクレームにならないように」というように使い方にコツがある。

使い方

オイルが塗ってあっても料理が浸透する可能性があるので汁ものは避ける。慣れてくればトマトソースなども良いが、最初のうちは色があまりつかないドレッシングで和えたサラダや、パンなどで慣らし、色の濃いものに挑戦を。

お手入れ

定期的に布巾などにオイルを含ませて塗ること。乾性油の荏胡麻油、亜麻仁油、紅花油、グレープシードオイル、胡桃油などがお勧め。不乾性油のオリーブオイルはずっとベトベトしてしまう。

※お手入れの仕方はP74

ウレタン塗装仕上げ

使い方
シミにはならないので油ものや色の濃い料理、汁ものにも使える。熱風消毒（85〜90℃で30〜50分）に耐えねばならない学校給食に対応している塗料もある。

お手入れ
中性洗剤とスポンジで洗えるが、基本は食洗機は高熱になって木が傷むので使えない。電子レンジも使用不可。塗装が剥がれた場合は、作り手が塗り直してくれる場合もあるので相談してみて。思い切ってやすりをかけてオイル仕上げにするのもひとつの手。

素材の特徴
ウレタン樹脂塗料を塗布したもので、木の色はほぼそのまま。扱いが楽なことが特性。使用頻度の高いカトラリーなどに向いている。ただし、オイル仕上げや漆のような経年変化は感じられない。昔は艶のある仕上げだったが、最近は艶消しタイプもある。

ガラス塗装仕上げ

素材の特徴
ガラス塗料やセラミック塗料を使った仕上げ。無機質（炭素が入っていない）。ウレタンは有機質合成樹脂。作り手の中には「値段は高いが塗装の持ちは良い」「ウレタン塗装より自然に仕上がる」「塗装時に有機溶剤のような匂いがしないので塗りやすい」と言う人もいる。

使い方
醤油やオイルも使え、何も気にする必要はない。

お手入れ
ウレタン塗装仕上げと同様に中性洗剤とスポンジで洗えるが、食洗機は高熱になり木が傷むので使えない。電子レンジも使用不可。

ガラスのうつわと道具

熱とガラスの関係

　ガラスは成分によって分けることができますが、使い方で分けるとすれば、「耐熱」か「耐熱でないか」。素材としてホウケイ酸ガラスと呼ばれるホウ酸が入った熱に強いガラスが熱膨張に耐えうる力があります。ソーダガラスやクリスタルガラスなどは「熱いものを入れないように」という注意書きが必ず書いてあります。

　どちらのガラスも透明。ガラスの組成に関してはP157もお読みください。

様々な技法

　製作には大きく分けて、「人の手で作る」ものと「機械成形」があります。前者には「宙吹き」、「型吹き」、「押し型（プレス）」、「鋳込み（流し込み）」、「引き延ばし」、「遠心成形（スピン）」「ピンブロウ」などがあり、後者には「型吹き」（この中に廻し吹き、圧迫、「押し型（プレス）」、「遠心成形（スピン）」）などの成形方法があります。以上が「ホットワーク」と呼ばれ、他に「コールドワーク」もあります。

　グラスを後で加工する「カットグラス」、「サンドブラスト」。ガラスの粉を型に入れて窯に入れてガラスを溶かして作る「パート・ド・ベール」。色ガラスの小片を型の上に並べて炉で焼成して仕上げる「モザイクガラス」。ガラス管をバーナーで熱して加工するバーナーワークも作業自体はとても熱いですがコールドワークの技法に入ります。

耐熱ガラス

　「耐熱ガラス」と聞いて「直火に使える」と思ってはいけません。使用説明書を読むと「耐熱温度差120℃」と書いてあることが多いです。

耐熱ガラスの素材はホウケイ酸ガラスと呼ばれるもので、耐熱度を高める熱膨張に強くなるホウ酸が入っています。直火にかけられるほどの耐熱性を持たせるには、規模の大きな工場が必要で、現在、国内メーカーで直火に使えるガラスを作っているところはありません。これは法律改正で基準が厳しくなったことも影響しています。耐熱ガラス製品の作り方はふたつあり、ひとつは型吹きのガラス。もうひとつは「ガラス管のバーナー加工」です。耐熱のガラス管に熱を当てて形を変形させる「バーナーワーク」という技法です。120℃の温度差の耐熱ガラスは、電子レンジ、ティーライトにも使えます。

再生ガラス

　琉球ガラスの始まりは、アメリカ統治下の沖縄でアメリカ兵が捨てたコーラ瓶を原料にした、という話は有名です。先日、沖縄の友人に尋ねたら、最近は泡盛の瓶が多いとか。また、車のガラスを利用している工場もあります。フロントガラスとリアウィンドウでは組成が違うので、別の坩堝で溶かして作業して、結果、違う色のグラスができていました。

　リサイクルガラスは資源を大切にするだけではありません。ガラス原料を溶解してガラス化する際にCO_2が発生しますが、一度ガラス化したものはCO_2の発生を抑えられます。また、使う燃料も少なくて済むのです。違う組成のガラスを混ぜると不具合が起きるので、分別に手間は必要ですが、環境には優しい作り方です。

　もうひとつの作り方は、ガラス瓶そのままを加工する方法ですが、再溶解の調節が難しく、この方法で作る人はごくわずかです。

ガラスのうつわと道具

1章　台所道具の選び方

ガラスのうつわ

フォルム

食器としては、グラス、ボウル、皿、キャニスター。グラスはタンブラータイプと足つき（ステム）グラス。メーカーや作り手はバラエティに富んだサイズや形を作っている。グラスに目が行きがちだが、ボウルや皿も使い慣れると良いものだ。

お手入れ&しまい方

ぬるま湯で洗うと乾きも早いので気持ち良く拭ける。せっかく拭いても、布のケバがついてしまうと台無しなのでガラス専用のマイクロファイバーの布（P175）か麻で拭くのがお勧め。同じサイズのタンブラーは間に紙を挟んで収納する。

耐熱ガラス

素材の特徴
直火やオーブンに耐えられる膨張率のガラスは、特別な設備の工場でしか作れない。「耐熱」と書いてあっても、熱湯や電子レンジがOKでも直火には使えないことも多いので、使用説明書をよく読むこと。

フォルム
いわゆる「理化学ガラス」も耐熱ガラス。食器として作られていなくても、蒸発皿に薬味を入れたり、フラスコに温かいミルクを入れて紅茶に添えたりしても良い。

再生ガラス

素材の特徴
一度ガラス化したものを再ガラス化させる際に、シールなどガラス以外のものが混ざる影響で泡が大体は入るが、それが良さでもあり、特徴として認識されている。組成が同じガラスを集める必要があるため、大工場が扱うことはあまりない。耐熱ではない。

フォルム
素材の供給量の影響か、1人から数人規模の工房で、手吹きで作られるものがほとんど。比較的厚めに吹かれたものが多く、安心感がある。元々の瓶の色が活かされるので、一升瓶の場合は薄い緑、ビール瓶の場合はこげ茶など、元の瓶を想像するのも楽しい。

ガラスのうつわと道具

1章 台所道具の選び方

67

注器

炻器の急須はお茶をおいしくさせる

急須の素材は炻器が一番と言われています。常滑焼（愛知県）と萬古焼（三重県）はどちらも「釉薬なしの土だけで焼き締まる」炻器の産地。釉薬なしで土に直にお茶が触れることがおいしくする秘訣なのだとか。

鉄分の多い赤土を「酸化焼成」（酸素を入れて焼成）している常滑焼は赤い急須が多いです。

一方、萬古焼は紫泥（しでい）が多く、同じく鉄分の多い赤土を「還元焼成」（酸欠にして焼成）しています。どちらも使い続けていくと、色艶が良くなり、お茶の味も良くなると言われています。

洗う時に洗剤は禁物

昔ながらの急須は「共茶漉し」といって、土に穴を開けた茶漉しが注ぎ口の内側についていました。やがて、粒子の細かい深蒸し茶が誕生し、従来の茶漉しでは詰まってしまうように。そこでステンレスの網が急須に嵌め込まれたものが増えてきました。このステンレス網は取り外すことはできません。

急須の口に付いている細いビニールホースを切ったようなものは販売時の破損防止用であり、茶の水切れを良くするためのものではないので外して使いましょう。

炻器のような焼き締めの急須は、お茶の旨みが土に入り込んでどんどん旨みが増すといわれています。ですから洗う時は要注意。その旨みを洗い落とし、さらに洗剤を入り込ませないよう、洗剤は使わずに水かぬるま湯だけで洗うようにしましょう。お茶自体に殺菌力もあります。それでもやっぱり洗剤を使わないと気になるという人には磁器がお勧めです。

2章

素材別の
お手入れ方法

道具の手入れにはちょっとだけコツが要ります。
素材の特性、そして素材と火や水、洗剤との化学反応を抑えておくと、
納得がいくことが多いです。気持ち良く使い続けるため、
そしてより深みのある道具にするためのヒントにしてください。

木のうつわと道具

木は切られても呼吸し続けています。
だから不便で便利です。

木に関する著作も多い工業デザイナーの秋岡芳夫氏は、
「木は狂う、あばれる、そる、生きている。だから好き」という言葉を好んでいました。
木は切られたからと言って、そこで生命が終わるわけではありません。
木の道具は、呼吸し続ける木の性質を見極めながら扱いましょう。

※底の黒い部分は、赤米を入れてできたシミ。

昔から付き合いのある素材

旅に出た時、都会から出発した列車や車が、気づくと緑の中を走っているなんていうことはよくあります。国土面積の2/3が森林という世界有数の森林国である日本だとわかっていても圧倒されるほどの緑に囲まれると、思わず声を出してしまいます。我々は古代から、身近にある木という素材を、住まいにも生活道具にも使い続けてきました。

金属よりも軽くて、持つにも楽な木という素材を加工する技術はたくさんあります。箱にする「指物」、木をろくろで回しながら刃物で削り丸いものを作る「挽物」、木を薄い板状にしてゆがいて柔らかくして丸める「曲げ物」、ノミやカンナを使って木を剝る「刳りもの」など、道具と技術を活かして様々な形の道具を作ってきました。ですが、木は切り倒されて板にされても、呼吸し続けます。水分を吸うことを利用した道具の代名詞は「おひつ」です。湯気の上がるご飯をおひつに入れると見事に調湿してくれます。まな板は刃物である包丁を、木の柔らかさでしっかり受け止めてくれます。金気が苦手な人には、木のカトラリーはありがたいものです。ですが、木は空気中の水分の変化で痩せたり、反ったりします。厄介ではありますが、この水分によって変化する性質を理解することが、木の道具とうまく付き合う秘訣です。塗装をすれば、この動きはある程度、封じ込められます。塗装するか白木のままか、は適材適所です。

性質を知れば、トラブルの原因がわかる

木とひとことで言っても、日本国内には1200種類もあるそうです。古来よりそれぞれの木の性質を利用して道具は作られてきました。例えば桶。プラスチックやブリキのたらいができ

るまで、水を溜めることができる木桶という道具は、人間の生活に欠くべからざる道具でした。流しの桶、水撒き用、風呂桶、行水用など、一軒に何十個も桶はありました。昔の人は、木がなんたるかを知っており「桶は直しながら使う」と言っていました。使っていくうちに、木が痩せて「たが」が落ちたら、別に職人に文句を言うわけでもなく、直しに出しました。包丁が切れなくなって包丁研ぎに出す感覚です。もし、道具を使っている時に不具合が起きても「木が生き続けて呼吸している」と理解したら、納得することも出てくると思います。

素材を知った上での扱い

「無塗装の木は呼吸」をしています。空気中の水分の変化で反ったり、痩せたりするぐらいですから、無塗装だと「しみ込みやすい」ことも理解してください。木を切ったばかりの木肌はとても美しい。しかし、まったくの無塗装だと、水でも油でも醬油でもにじみます。それを防ぐためにオイルを塗ったり、ウレタンを塗ったり、漆を塗ったりするのです。

ですが、呼吸する木の性質を利用しない手はありません。無塗装の木は復元力もあります。ちょっと凹んだぐらいならば、水をつければ元に戻ります。木の吸水・調湿を利用して、ご飯をおいしい状態にします。せいろは湯気をうまく処理してくれるので、アルミのせいろのように、内側に水分が溜まることはありません。こんなふうに、ぜひ「木の性質」を理解しながら、使ってみてください。

やってはいけないこと

電子レンジ	食洗機	漂白剤	つけおき	直射日光

※スギ材は重曹NG

基本の手入れ
木のうつわの場合

オイル仕上げのうつわは洗剤を使わないこと。料理を盛ってシミがついても気にせずに。使い込むとだんだん馴染んできます。カサカサしてきたら、定期的にオイルを塗ってメンテナンスを。

1 サッと汚れを洗い流す（油などは先にキッチンペーパーなどで拭き取る）。

2 シュロタワシで洗剤は使わずに水だけで洗う。しっかり洗いたい時はクレンザーかクエン酸で。

2+ タワシがない場合はスポンジでも構わないが洗剤は勧めない。

3 高台もしっかり汚れが取れているかチェックする。

4 一旦、洗いかごへ。

5 布巾で水気を取る。

6 水気が抜けるまでしまわずにしっかりと乾かす。

※使う時の注意点
- 濡れ布巾でひと拭きしてから料理を盛った方が気持ち良く使える。
- 油ものをのせる時は、オイルを先にひと塗りしても良い。
- カサカサしてきたら、乾性油（P62）を布につけて塗る。

使う道具	シュロタワシ、スポンジ
洗剤	使わない、またはクレンザー（粉）やクエン酸
乾かし方	しっかり乾かす
しまい方	乾くまでしまわない

木のうつわと道具　注意点

高台に水分が溜まっていることがある。水ジミがつく可能性があるので、しっかり拭くこと。

収納の際、湿気が残ったままだと底についた部分がカビる可能性がある。ガラスのツールスタンドだと中が見えて、常にチェックできる。

トラブルシューティング

オイル仕上げの木のうつわや道具が欠けた場合
ちょっと欠けてしまっても、気軽に直せるのが木の良いところ。

2　欠けが目立つものは200番ぐらいからのやすりをかける。

1　やすりを用意する。やすりの目には色々な細かさ（番手）がある。

3　仕上げには400番が一般的だが、800〜1000番で仕上げた方がスベスベになる。最後にオイル（乾性油、P62）を塗る。

2章　素材別のお手入れ方法

基本の手入れ
まな板の場合

包丁の女房役であるまな板は、いつもきれいにしておきましょう。菌が気になる人はエタノールを塗布しても。木製はプラスチック製に比べ、包丁の刃が傷みにくい傾向にあります。

1 サッと水で流す。

2 シュロタワシで洗剤は使わずに水だけか、クレンザー（粉）またはクエン酸で洗う。

3 側面もしっかり洗う。

4 短い方の側面も忘れないように。こすり忘れやすすぎ忘れもないように。

5 木目にそって、風通しの良いところに立てて置く。まな板立てを使うと、下の側面部分もしっかり乾きやすくなる。

※使う時の注意点
・必ず濡らしてから使うこと。乾いた状態で使うと汚れがつきやすくなる。
・汚れや傷が気になったら削り直しができる（P82〜）。

使う道具	シュロタワシ
洗剤	使わない、またはクレンザー（粉）やクエン酸
乾かし方	風通しの良いところに立てる

基本の手入れ
曲げ物の場合

ご飯だけを入れるなら、濡らさないほうが木の調湿機能を活かせます。おかずを入れる時は、汁や油を防ぐ意味で、濡れ布巾で拭いてからおかずを入れましょう。

1 サッと水またはお湯でひと洗いする。米粒がこびりついていたら、しばらくお湯を張る。

2 シュロタワシにクレンザー（粉）またはクエン酸をつけて洗う。水またはぬるま湯だけで洗ってもOK。

3 隅までしっかり洗う。

4 水またはぬるま湯で流す。水よりもぬるま湯の方が乾きは早くなる。

5 布巾でしっかり拭く。

6 内側を外に向けてしっかり自然乾燥。内側に水が溜まらないように注意する。

※使う時の注意点
・赤米、黒米など色の濃い米は染みるので注意。
・弁当箱やおひつの隅が黒くなることがあるが、スギに含まれるタンニン分と米のでんぷんが反応する場合とカビの場合がある。いずれかの判断は検査に出さない限り難しいので、そのままタワシにクレンザーをつけてしっかり洗い、使い続けることが一般的。
・スギ材はアルカリに反応するので、重曹を使うと黒くなる。誤って重曹を使ってしまった時は、クエン酸で洗うと中和して元に戻る（P178）。

使う道具	シュロタワシ
洗剤	クレンザー（粉）やクエン酸、または使わない
乾かし方	しっかり乾かす
しまい方	乾くまでしまわない

基本の手入れ
中華せいろの場合

枠の内側が空洞になっているものは、中に水が入りやすいです。再度鍋に真水を入れて5分ほど蒸すと、水気が飛んで乾きが早くなります。アルミの蒸し板（右ページ）があるとせいろの焦げ防止に。

1 サッと水で流す。

2 シュロタワシで洗剤は使わずに水だけで洗う。油がついている場合はクレンザーをつけて。

3 一旦水を切る。

4 中に入り込んだ水は、振ってできるだけ外に出しておく。

5 しっかり乾くまで自然乾燥。空蒸しすると乾きが早くなる。

6 しまい込まずに、風通しの良い場所に置く。

※使う時の注意点
・水に通してから蒸し始めること。

使う道具	シュロタワシ
洗剤	使わない、またはクレンザー（粉）
乾かし方	自然乾燥＋蒸気（空蒸し）
しまい方	乾くまでしまわない。できれば戸棚に入れない

木のうつわと道具

鍋に直接せいろをのせると、火がまわり、焦げる可能性がある。
アルミの蒸し板を使えば焦げる心配はない。

column

南木曽の木工家庭用品の現場探訪

山一（長野県木曽郡南木曽町）

木曽の地場問屋「山一」の柴原孝社長に、桶細工と曲げ物の職人さんを案内してもらいました。何気なく見ているとさっさと作業は進んでいきますが、職人の仕事の腕の見せ所も解説していただきました。

地場にいることの強み

　山一さんは木工家庭用品の地場問屋。地場に拠点を置き、その土地を巡り、作り手と良い品を探し、消費地の小売店に販売しています。山一さんの拠点は「木曽」。会社があるのは長野県木曽郡ですが、作り手は隣接する岐阜県にも多くおり、この県境をまたぎ、日々忙しく何人もの作り手の工房をまわっています。かつては本社で製造もしていたそうですが、大きなメーカーができると「地場の小さな職人の仕事の機会を奪うことになる」と感じ、9年前に本社はまな板の削り直し、検品、発送の仕事のみで、製造は中止。希望する品物は作り手に依頼するように方針転換しました。

　作るには木材が必要です。そして「指物」「桶」「曲げ物」など、専門の職人の技術が必要です。この地域は木曽ヒノキやサワラのような天然林が多くあります。その資源を生かし、600年前から、ヒノキの木地師がいたという里山。山一さんは自社オリジナルの商品のほか、店からの特別の依頼に応じての「OEM（original equipment manufacture）」も受けています。産地にはたくさんの職人がいますが、普通の家で働く人も、奥まった場所で仕事する人もおり、職人を見つけるのは案外難しい。住んでいるからこそ職人と出会い、職人に信頼されるのです。実際のところ、都合の良い論理で作り手を搾取する問屋も少なからずおり、決して評判の良い職業ではないですが、山一さんはその悪評を払拭すべく、作り手に寄りそいながら尊重し、できるだけ良い品を、無駄をなくして適正な価格で消費地に卸す努力をしています。

使い手に正しい情報を伝える仕事

　山一さんの親会社は製材業を営んでいたので、樹木の性質を熟知しています。大きな仕事のひとつが、売り場に作り手や作り方、そして素材の正しい情報を伝えること。この本で何度も繰り返していますが、木は生きています。便利に慣れてしまった人間は、木のちょっとした反りや色の変化などに驚きます。「難しい」と感じる木の水分の吸収による変化や、木の中の成分は性能の利点に繋がるのです。また、作業工程上、どうしてもできる傷のような部分もあります。その原因を伝えることで、不良と良品の見分け方、扱い方など、木との正しい付き合い方などを伝えるところまでが、自分の仕事としています。

作り方を知ることは、使い方を知ること

　問屋は品物がなければ商売になりません。難しい特注の依頼を受けた時、頼るべきは腕の良い職人。急ぎの注文の時はちょっと無理も頼みますが、職人の多くは「柴原さんの頼みじゃ、聞かないわけにはいかないな」と、苦笑いしながら要望に応じてくれるそうです。

　今回、木製家庭用品の中で「使ってみたいけれど、うまく使いこなせるか自信がない」と思われる方が多い、「おひつ」と「中華せいろ」の作り手をご案内いただきました。

　工業製品と違う理解の仕方が必要な、手仕事による木製品。工程を見ることで、理解につながればと思います。

株式会社山一
昭和46年設立。時間をかけて木を育て伐採し植林をするサイクルが続く木曽で、「木の香りとやさしさを生活にするものづくりを通じ、心豊かな日々の暮らしに貢献する」ことを理念としている。

column

まな板の削り直し

まな板は、面だけではなく、木口、木端も削り直しますので、すっきりきれいになります。専門部署がある山一さんの工場で、削り直しの様子を見せていただきました。

　山一の南木曽の本社に唯一機械が並ぶ部屋は、まな板削り専用。ここでは全国から集まるまな板の削り直しを専門の職人が受け持っています。まな板は"包丁の女房役"といい、刃を受け止めるハードな役割を受け持つ道具。刃を受け止め、傷がつき、傷んでくるのは必然です。自社の製品のみ削り直しを受けるメーカーが多い中、「売りっぱなし」にしない山一さんは、どんなまな板でも預かります。一生懸命育った木を使い捨てにしてはいけない、思い入れのある道具をまた気持ちよく使ってもらいたい、という思いからです。焦がしてしまった箇所や大きな割れがある場合など、傷が見えないようにすると極端に小さくなってしまう場合は、直しに入る前に「どこまで直すか」を相談してから作業に入ります。

　60×30×3cmまでは同一料金。それ以上は別料金に。ただし、以下の場合は受けられません。
・厚みが15mm未満。薄くなりすぎてその後に反って使いづらくなる可能性があるから、という考え方でもあります。
・持ち手がつくなど特殊な構造のもの。
詳しくは山一さんのHPをご覧ください。
https://yamaichi-kiso.jp

預かったまな板はきちんと持ち主に返すため、マスキングテープで番号を付けて管理している。

1 使い続ければ、このくらいの黒ずみには当然なる。

2 まず一面を削り、平面を作る。

3 表面と裏面を荒削りする。

4 荒削りの状態でもかなりきれいだが、まだザラザラしている。

5 側面（木口）を切る。傷みが激しい場合は数cm切る場合もある。

6 直角を出す。この後、表面と裏面を機械鉋で仕上げる。

まな板の削り直しの最後に、水分をつけてアイロンを掛けていました。「今日は（撮影で）時間をショートカットするためにアイロンを掛けて（熱を与えて）いますが、木は元に戻る力があるから、ご家庭でもまな板以外の家具などでも押された跡は、水をつけてしばらくおけば直りますよ」と、教えてくださいました。水分が中にしっかり入ると、木が復元していくのです。だだし、繊維が切れている場合は元に戻りませんので、包丁傷は削り直しをする必要があります。

山一さんのご案内には「手元に届いたら現品をご確認いただいてからお振込お願いします」と、控えめな書き方をされていますが、戻ってくるまな板は、少し小さくはなりますが一皮剥けた状態のピカピカ。やすりではザラザラとしますが、鉋の刃で仕上げているのでツルツルで、汚れもこびりつきにくい状態に。丁寧なプロの仕上げに「こんなことなら、もっと早く、削り直しを頼めば良かった」と思われるはずです。

職人の経験に裏打ちされた微細な調整を繰り返しながら、ていねいに削り直していく。

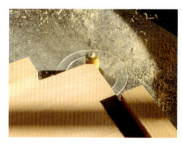

7 角が丸いものは角のアールを元の形に近い状態にする。

8 角の面取りをする。

9 きれいに面取りできた。

10 3枚刃の刃が回転する仕上げ用の鉋。

11 見違えるほどきれいになった

column

桶の製造工程

青木康雄さん

「桶は直しながら使うもの」といわれながら、直す職人が少ない現代。
職人は不具合を減らす努力を続けています。

　南木曽で桶を製作する青木康雄さん。若い頃は関東でデザインを学び東京で働いていましたが、体を壊し、家に戻ることに。30歳で戻ってきた時、桶職人の父親が年老いて弱っているのを見て、家業を継ぐことを決めたそうです。父親と一緒に仕事できたのはごくわずかな期間だったそうですが、年齢がいってからの修行だった分、俯瞰して見ることができたそうです。

　取引のある問屋の誘いで、百貨店などで実演を多くこなした青木さんは、丁寧に説明してくださいました。

　「木は乾燥した場所だと痩せる。極端に乾燥している百貨店で実演して仕上げた桶は、工房で作った桶より長持ちしますよ、なんて説明してね」と、うそぶきますが、桶は乾燥との戦い。売っている場所で不具合がなくても、持ち帰った家が乾燥していると、木が痩せてたがが落ちることもあります。「親父からは『1回目の修理は、黙って直せ』と言われた」そうです。つまり、それぞれの家庭の条件や使い方によって、たがが落ちることは当然ある、という前提なのです。しかし、それは町内に桶屋が1軒はあった昔のこと。今は一旦不具合が起きると、すぐには直せません。かつて接着には"そっくい"という米糊を使っていましたが、今は食品衛生法に則った接着剤を使っています。

　現在、ふたりの弟子には「確かなものを作っていけば置いておかれない。世の中の人は馬鹿じゃない」と地道な道を歩む彼らを励ましているそうです。

桶ができるまで

木片（樟(くれ)）を接着することで限りなく大きなものが作れる桶は、最後にたがを締めて完成します。昨今は、銅のたがが多いですが、青木さんには竹たがをお願いしました。

1 前ページ右上の写真の型（角度定規）を使い、作った「樟」で接着した側板を鉋で削る。

2 自ら採った竹を削る。竹は信州木曽で生育する3〜4年の淡竹。

3 「ぐい編み」という手間がかかるが丈夫な編み方。

4 直径24cmなら3.8mの竹が必要。

5 桶の寸法に合わせ、底板の木口を鉋で削る。

6 「木殺し」という工程。圧迫で一度は小さくなるが、水分を含むと戻る。

7 底板を「当て木」を使って嵌める。

8 足の部分を削る。

9 竹たがのズレ防止の極小の竹の楔(くさび)を3箇所に入れる。

10 竹を磨いて仕上げる。

青木康雄
1954年生まれ。桶の江戸職であった父、勝次は終戦後、木の豊富な木曽に移住。次男として木曽に生まれる。「手作りの間違いのない仕事」を信条に製作を続ける。

column

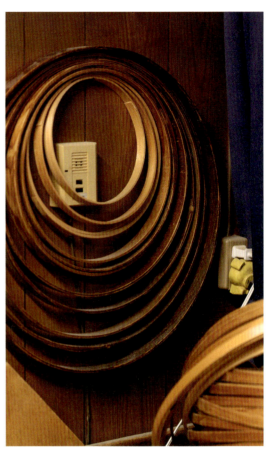

中華せいろの製造工程

早川勝利さん

構造がわかれば扱いにも注意がいきます。実は太い枠の中は空洞。
しっかり乾かすことが気持ちよく使うコツです。

　曲げ物の職人は、伝統的工芸品に指定されている大館曲げわっぱなど全国に散見しますが、中華せいろの作り方は実に独特で作れる職人・工房はごくわずか。今回、山一さんに紹介していただいた早川勝利さんは3代目。中華せいろ以外に、和せいろ、弁当箱、柄杓、丸三宝なども作ります。黙々と仕事をこなしたい早川さんは、製造の工程や素材、産地の状況などを分かっている問屋さんとだけ仕事をしています。

　すべての素材を自分で作業するのは現実的ではありません。早川さんが作る中華せいろの曲げ輪部分は奈良県吉野のヒノキ。輪を綴じるのはサクラの皮。持ち手は籐。そして底は竹で井桁に組み、ふたはやはり竹を編んだものですが、竹の部分は作業がしやすい状態になったものを仕入れています。サクラの皮も含めて、最近は質が落ちていたり、材料採りの職人の高齢化が進んで、将来の入手に不安を感じているとか。40代とこの業界では若手に入りますが、材料がなければ品物は作れません。作りながら材料探しも仕事の一部です。

　中華せいろの扱いは難しくありません。外枠の空洞に水を入れないために「洗わない」と言い切るメーカーもいます。早川家ではどんな使い方をしているか尋ねたところ、普通に洗っているとのこと。勝利さんのお父様が作られて、30年ものの中華せいろを見せていただいたところ、きれいな飴色になっていました。風通しの良いお家でしまいこまずにいることも秘訣のようです。中華せいろの構造を理解して手入れしましょう。

中華せいろができるまで

曲げ物の中に小さい曲げ物を入れ込むような中空構造の中華せいろ。「水が溜まる構造」を理解すれば、乾かし方に気を遣うようになります。

1 工程が多いということは材料も多い。

2 湯に入れて丸くしておいたヒノキを接着して丸める。

3 サクラの皮を磨いて艶を出し、差し込みやすい細さに切る。

4 事前に空けておいた穴に入れる。サクラの皮は力を入れても切れない柔軟性がある。

5 内側になる輪を入れて、空洞を作る材を入れ込む。

6 底を準備する。

7 この枠に竹を針金で留めて底を完成させるのはお母さんの仕事。

8 勝利さんより前からこの仕事をしているお母さんの動きは無駄がなく早い。

9 ふたの網代に編んだ竹の中には経木がはめ込まれている。

10 ふたのつまみを籐で作る。

早川勝利
高校卒業後、高山の木工専門学校に1年通ったのち、家業に就く。「太鼓屋さんから太鼓の注文も受けますよ」と笑う。
※工房への直接の問い合わせは受けておりません。

漆のうつわ

使うたびに増していく「使い艶」。
これが漆器の醍醐味です。

漆というと、「手入れが面倒」という印象を持つ方も多いと思いますが、
「習うより慣れろ」の最たるもので、
毎日使うと実に楽な道具だということがわかります。
気をつけるべきことは、「落とさない」「熱湯を入れない」ぐらい。
たったこれだけで漆は使いこなせるのです。

漆の魅力は「ふっくら」

　漆は漆の樹液を塗ることで木を丈夫にし、料理を引き立たせる役割も果たしています。「JAPANとは漆のこと」と言われますが、（今は一般的にはurushi lacquerやJapanese lacquerというようですが）海外貿易が始まった安土桃山時代、日本の漆は海外の人に、なんとも不思議な輝きを感じさせたのではないでしょうか。漆は「潤（光沢）」や「うるわし」からきているという説があるほど、独特な質感は古より人を惹きつける力があったのでしょう。

　漆の品質は堅牢度、透明度、艶の出方などで評価されますが、これらは漆に含まれるウルシオールという物質によるものです。当然、ウルシオールを見つけ、名づけたのは日本人です。一般的に「乾く」のは、風や乾燥の作用によるものですが、漆は「温度」と「湿度」によって「硬化」するのです。輪島で漆器製造をされている輪島キリモトの桐本泰一さんは漆のことを「ふっくら」と表現していました。「艶やか」と表現するのはよく聞きますが、この「ふっくら」を聞いて、言い得て妙！と腑に落ち、以降「ふっくら」という表現を使わせてもらっています。漆は塗っては研ぎ（漆器は漆を何層も重ねるのですが、次の漆の層の食いつきを良くするために研ぐのです）を何回も繰り返します。繰り返すことで丈夫になり、かつその層の重なり（と言っても1層は何ミクロンの世界）が、「ふっくら」につながるのです。

漆の楽しさは使い込むこと

　さて、何でも磨けば光ります。泥団子もそうですし、ステンレスのカトラリーのミラー仕上げもバフで磨いて光らせます。漆は日常で使い続けると、使い艶が出てきます。日々食べ、洗い、拭くことを続けると、細かい摩耗が積み重なり、漆独特の艶が出てきます。漆の仕上げで「呂色仕上げ」というものがありますが、これは炭で研ぎ、漆の表面を艶々にする技法です。塗りっぱなしの状態ですと、漆は艶消しの状態ですが、日々使い込むと呂色とはまったく違う、深い艶が出てきます。細かい傷も入っていることが多いですが、馴染んでいるので気になりません。「食洗機は使えないの？」とよく聞かれますが、ぜひ手で洗い拭き、ふっくらした感触を触って、自分なりの艶を出す感覚を楽しんでいただきたいです。

漆は触って楽しむ道具

「漆なんてもったいない」と言われる方もいらっしゃいますが、こちらとしては「使わないのがもったいない」です。何せ漆に盛れば味噌汁だけでなく、おかずでもご飯でもなんだかとてもおいしそうになるのです。

「漆は扱いが難しそう」と思われがちですが、慣れれば本当に楽です。「落とさない、ぶつけない」「熱湯を入れない」とガラスと同程度の気の遣い方をすればOK。これに「直射日光に当てない（詳しくはP91）」を加えるだけです。

　漆の工房に行くと「塗っては研ぎ」を繰り返しており、飽きないのかしら？と思いますが、職人さんたちは「漆を塗るのが本当に気分が良い」と、語ります。漆好きの知人は「洗って拭く時のために、漆を使っている」と言うほど、漆の触感を楽しんでいます。漆は食べ物を生かす器でもありますが、触って楽しむ器でもあるのです。

やってはいけないこと

基本の手入れ

漆器は触って気持ちの良いうつわ。洗うこと、拭くことを楽しみましょう。使い続けたご褒美として、どんどん艶やかになっていきます。

1 サッと水で流す。米粒がこびりついていたら、しばらく水を張っても良い。

2 柔らかいスポンジや布巾などで洗う。洗剤を使う場合は中性洗剤で。

3 高台までしっかり洗う。

4 しっかり流してすすぐ。

5 一旦水を切る。傷つきやすいので他の素材と一緒に洗わない。

6 布巾でしっかり水気を拭く。この時の「キュッキュッ」が気持ち良い。

使う道具	柔らかいスポンジ、布巾
洗剤	使わない、または中性洗剤
乾かし方	柔らかい布巾、または漆器専用の布*で拭く
しまい方	直射日光の当たらない場所。重ねる場合は漆器同士にする

*マイクロファイバー系の専用布が市販されている（P175）。

🔲 漆のトラブル例

置く場所
硫酸にすら耐える漆だが、紫外線は苦手。直射日光の当たる場所には置かないようにする。

紫外線
直射日光や蛍光灯の光に当たるとスカスカした感じになる。重なっていた部分は艶があるが、紫外線に当たった場所は変色している。

ヒビ、欠け
漆は直せる。こんなヒビでもちゃんと直せる。ただし、全部塗り直すので「使い艶」はなくなる（P92〜の漆琳堂では、欠けだけを直すような要望があれば、その部分だけを補修してくれる）。

高温
紫外線に加え100℃以上に弱い。湯呑みの高台が当たった部分が傷んで変色している。ただし、この場合は部分的な塗り直しはできないので、全部塗り替えになる。

漆器も陶磁器も漆によって
新しい命を吹き込まれる

漆琳堂（福井県鯖江市）

ハードに使う割烹食器は、直しもセットの仕事。自社のものしか直さない工房が大多数の中、漆琳堂はあえて直しの仕事を受ける稀有な工房。「色々な漆器を直すことで勉強になる」と前向きに漆修理や金継ぎを受けています。

越前漆器とは

日本にはたくさんの漆器の産地があります。漆器というと、百貨店の漆器売り場で必ず見かける輪島塗を思い出す人が多いかと思いますが、近年は福井の越前漆器が出荷額日本一とか。越前漆器は飛鳥時代から作られていたという、日本一古くから漆器を作っていたといわれる産地です。作る形はもっぱら椀類だったところ、明治の半ばから"角もの"と呼ばれるお膳、重箱、手箱などが作られるようになり、他産地より一歩抜きん出ることになりました。さらに高度経済成長期には、合成樹脂の素地に漆やウレタンを塗布するもので、飲食店などへの売り上げを伸ばしました。現在、業務用漆器の国内シェアは8割以上を占めているとか。漆琳堂さんは寛政5年（1793年）創業、現在8代目という工房です。

漆のプロだからこその直し

漆琳堂さんは漆器の工房ですが、今回は「修理のプロ」としてお訪ねしました。漆は接着剤でもあります。昨今、SDGsの考えからも注目を浴びる「金継ぎ」は、漆の接着剤としての力を活かした陶磁器の修理法。もちろん漆は漆器も直せます。漆のどの作り手も「漆は塗り直しができる」と謳いながら、実は、漆器の修理はとても面倒。一度塗布された漆を剥がさねばならない作業は、一から作った方が楽なほどです。しかし業務用の漆器を販売する工房としては、ハードな使い方で傷んだ漆器を使い捨てにはできません。8代目の内田徹社長は6代目のお祖父様から「直しは儲からないけれど、ちゃんと直して戻すことを繰り返せば、こっちの腕も気持ちもわかってくれて、次の注文に繋がるから嫌な顔せんで受けろ」というお考えを聞いて育ったそうです。工房では漆のプロとして自社のもの以外も受けています。単なる塗り直しだけでなく、蒔絵や沈金などの加飾のついたものも受けつけています。

依頼主の要望に応じる

筆者も何度か漆器の作り手本人に修理を依頼したことがあります。その際、大抵は「木の中まで見ないとどこまで傷んでいるからわからないから、全部塗りを剥がしますよ」と、言われます。直す以上責任を持ってしっかり直したいという気持ちはもっともでありがたいですが、ちょっとのカケの場合「そんなに大袈裟なことしないで、カケの箇所だけ直してくれればいいのに」と思うことがあります。漆琳堂さんは、そんな心を見透かすように確認をしてくださいます。もちろん、明らかに入っているヒビは修理の必要性を指摘しますが、場合によっては、部分だけの修理もしてくださいます。筆者が以前送った時は、「仕上がり」を聞いてくださいました。数多くの修理品を見ているので「元々はどんな漆器だったのか」「どんな風に使われていたのか」「どんな風に変化したのか」「どんな風に保管されていたのか」も、だいたい予測がついているようです。送ったものは"使い艶"でピカピカになっていましたが、塗立てはマットな漆塗りでした。この時は大きなヒビが入っていたので、全面の塗り直しは覚悟していましたが、それを「最初のような塗立てのマットな仕上がりにするか」「艶が出ている感じの仕上がりにするか」との仕上がりを選ぶように連絡がきました。色をガラッと変えることもできるとのことでしたが、「艶」を選びました。2カ月ほどで修理品が届き、開けてみると見事に艶のあるお椀が出てきました。しかしそれは「使い艶」ではありません。私が使ってでた艶を見て、似た感じの艶のある漆で仕上げてくれたのです。漆は油などを入れて艶のある調合にもできます。それを塗って仕上げてくださったのでした。預けたものは小さく傷が入っていたところ、仕上がったものは無傷でツヤツヤでしたが、かなりの再現性でプロの仕事に舌を巻いたのでした。

内田徹
1976年生まれ。大学卒業後に家業である1793年創業の塗師屋、漆琳堂に入社。10年余り祖父・父から漆器製造の下地・塗りを習い、産地最年少で越前漆器伝統工芸士に認定される。2019年漆琳堂の代表となる。

column

漆器の修理例

漆器のダメージは実に様々。「見積もりは色々なパターンをお出しして、選んでいただくこともあります」とのこと。蒔絵の修理も受けてもらえるのは心強い。

埋める

1 ヒビだけ直すこともできる。
2 サビ漆（砥の粉と水に生漆を混ぜたもの）を作る。
3 サビ漆をヘラでつける。

研ぐ

1 内側の漆の塗膜が浮いているようなものは全部剥がす。
2 真空で吸着する機械に椀を乗せ、回転させながらペーパーで研ぐ。

磨く

1 蒔絵がくすんでいる時は、磨くことで輝きが戻る。
2 バフで磨く。
3 蒔絵を扱い慣れていないとできない作業。
4 艶が戻り、蒔絵も引き立つようになった。

持ち込まれる修理例

亀裂
傷みが蒔絵にかかっている場合、蒔絵も直す必要あり。

欠け
欠けを埋めて、金を蒔く。

漆の塗膜の浮き＆変色
熱湯で変色と同時に、素地が傷み、漆の塗膜が浮いてきてしまった。全部、剥がして下地からの塗り直しが必要。

金継ぎの修理例

テキスト本もたくさん出ている金継ぎ。自分で作業をするのも良いですが、プロの仕事はやはり手際良くきれいです。

接着

麦漆（生漆＋小麦粉）で接着する。

サビつけ

サビ漆を器の割れ目の溝にヘラでつける。

研ぐ

サビが硬化したら表面が平になるように紙やすりで研ぐ。

中塗り

サビ漆の上に精製した漆を塗り、硬化したら研ぐ。

金を蒔く

1　ベンガラを混ぜた漆を塗る。

2　金粉を真綿につける。

3　金粉を漆のついた箇所に蒔いていく。

4　乾いた毛棒で漆以外の箇所を整える。

5　不要な金粉は払い落とす。

6　真綿で拭きあげる。

7　各工程には数日ずつ、硬化を待つ時間が必要。

摺り
油で希釈した生漆を摺り込む。金を蒔いた部分に筆で塗り、拭き取ることで、金粉がしっかりと定着する。

金に艶を出す

1　仕上げに使う研磨剤。

2　油と研磨剤でペーストを作る。

3　硬化した金につけて拭き込む。

4　しっかり磨くと光沢が出る。

column

漆器ができるまで

漆器ができるまでには多くの工程を経なくてはなりません。
ここでは伝統的な塗り方をご説明いたします。

1 荒挽き
この状態で木を乾かす。

2 木地挽き
荒挽きを轆轤で木地にする。

3 木固め
生漆（精製していない漆）を塗る。

4 布着せ
縁など弱いところに布（寒冷紗）を着せる。

5 下地
地の粉、生漆などを混ぜたものを塗る。

6 中塗り
漆だけを塗る。

7 研ぎ
「塗っては研ぐ」を繰り返す。

8 上塗り
精製した漆で仕上げる。

column

漆琳堂を知るためのキーワード

木地への取り組み

　木は切った段階では道管に水をたくさん含んでいます。この水分がある程度抜けていないと、木は狂います。轆轤でお椀を作る場合、ある程度お椀に近い形にザクッと挽いて乾燥させた「荒挽き」（P97写真1）というものがあります。挽物師（轆轤師）はその荒挽きを使って、図面通りの形を作っていきます。その木地があって初めて漆が塗れるのですが、今どの漆器産地でも「木地」は頭が痛い問題です。「木地が届かなくて、塗りたくても塗れない」という話をよく聞くのです。漆を塗り上げる塗師（ぬし）と違い、挽物師も荒挽き師も言わば、縁の下の力持ち。成り手は少ないのが現状です。実はこの挽物師の養成校が、石川県の山中漆器の産地、加賀市山中温泉にあります。「石川県挽物轆轤技術研修所」で、越前から轆轤師が移り住んで轆轤の技術をもたらしたという場所です。石川県の研修所なので、他県の企業からの就職要望には応じていませんが、卒業生が自分で探す分には制限がありません。こちらを卒業した近澤蒔さん、実は福井出身。自ら漆琳堂さんに専属挽物師として志願したのです。内田社長としては願ったり叶ったり。どの産地も木地は外注ですが、そうすると"待ち"が多い。ロットもある。でも、自社にお抱え挽物師がいたら、小ロットでも木地が作ることができ、納期も自社で調整できるのです。こんなチャンスはない、と近澤さんが入社するまでの間に轆轤場を作りました。我々が訪ねた日は、数個の依頼の椀木地を挽いていました。外注で椀木地を挽物師に頼む場合、最低でも数十個は頼むのが常です。手作業なので、1個でも5個でもできるのですが、業界の常識として「最低限の礼儀の数」があります。これは挽物師がある程度ペースを掴める数でもあります。ですが漆琳堂では、「普通では受けない注文」を受ける体制を作り、お客様への利便性を測り、少しでも漆器や漆塗りを広めたい、と思っています。

　食洗機を使う家庭が増えたことに対応すべく、福井県、福井大学との産学官共同研究により生まれた通常よりも堅い塗膜の「越前硬漆」（素地は木合、木粉52％と樹脂の成型品）の製作。赤や黒だけでなく、淡いパステルカラーなどのカラーバリエーションのブランド「RIN&CO.」の展開も、すべては「漆を日常で楽しんで使ってもらいたい」という思いからです。

地域とともに

　北陸新幹線の延伸まで「飛行場も新幹線の駅もない県」だった福井ですが、2015年に鯖江市河和田地区の工場とまち全体を開放するイベント「RENEW」が始まりました。参加企業22社、1200人の来場で始めたイベントも、2024年には鯖江市、越前市、越前町の半径10km、130社に増え、来場者は4万人に。内田社長は「ものづくりをしたい若者が一番憧れる産地になりたい」という思いから始まったイベントの代表として、地域を盛り上げています。現在は通年型の産業観光を目指し、一年中いつ訪れても楽しめて、できれば住みたい、働きたい、と思えるまちづくりを目指しています。

歴史とともに

　福井県鯖江市河和田。この地域で生まれた越前漆器がこれだけの産業になったのは「分業」であることが大きい、と言います。漆は木地の上にただ漆を塗るだけでなく、下地をしては研ぎ、中塗りをしては研ぎ、という作業の繰り返しです。この「研ぎ」は、漆の食いつきを良くするための作業です。これらの一工程ごとに専門の職人がいる、仕事を分け合って、山間のこの集落みんなで生きていくという考えが根付いています。分業だから作れる量、質もあります。実直な製作による漆琳堂の漆器は大本山永平寺にも納めているそうです。

株式会社漆琳堂

〒916-1221　福井県鯖江市西袋町701
info@shitsurindo.com
https://shitsurindo.com/
webshop：https://shitsurindo-onlinestore.com/

鉄の道具

錆びても驚いてはいけません。
湿気と塩分を攻略するのが扱いのコツ。

重く、錆びると厄介な素材なのに、魅力的な素材。それが鉄です。

錆＝酸化です。水気や塩分がついていなければ鉄は錆びません。

鉄と仲良くすれば、鉄分も吸収でき、健康にもつながる道具です。

「水気を飛ばす」。

このクセをつければ、錆とはおさらばできます。

地球に近い素材

　地球の重量の3割が鉄です。人間はそんな身近にある鉄を古代から利用してきました。鉄は鉄鉱石（鉄を含む鉱石）から酸素や水を取り除くことでできます。

　鉄は水の約7倍の重さ。その重さを利用したもの、蓄熱性、比較的安く手に入ることなどから、様々なものに利用されてきました。しかし、鉄は錆びます。錆とは酸素または酸素と水と反応してできた化合物のことです。

　錆というと赤錆を思い起こされると思いますが、黒い錆もあります（P129）。黒い錆は「酸化被膜」とも呼ばれ、鉄を保護する役割ですが、赤錆は素材を腐食させる厄介なもの。ですが、鉄瓶は水を入れるものですし、フライパンも洗う時は必ず水と接します。「使った後は水気を飛ばす」。これが鉄と仲良くなるための秘訣です。

鉄分の吸収

　「鉄分不足」「鉄分を補充しなくちゃ」。よく聞かれる言葉です。人の生命活動に必要な必須ミネラルのひとつである鉄。その主な働きは酸素の運搬。赤血球のヘモグロビンは鉄を含むタンパク質です。うかつにも極度の貧血になっていた時、鉄の錠剤を飲んだ途端に眠気はなくなり、頭がクリアになって鉄の偉大さを知りました。その頃は鉄瓶を使っていませんでした。鉄瓶でお湯を沸かして、貧血が軽減されて調子を取り戻した方の話を聞き、すぐさま湯は鉄瓶で沸かすことにしました。鉄のフライパンで調理すれば、鉄分を補給できるので一石二鳥です。

　注意点は錆止めの琺瑯を中に塗布した鉄瓶や急須、鋳物琺瑯鍋では鉄は吸収できないこと。この琺瑯の塗布は、もし剥がれたり、釉薬がのっていない箇所があったりして素地が見えている場合、そこから赤錆が出てきます。以前、内側が琺瑯の急須を使っていたのですが、持ち手のあたりは琺瑯がかかっておらず、そこに赤錆が発生して悲しい思いをしたことを思い出します。琺瑯がかかっているからといって、「錆びない」と気を緩めてはいけません。

赤錆は克服できる

　黒い鉄に赤い錆が出る。初めて体験した方は、その黒と赤のコントラストに「この世の終わり」と思うかもれしれません。しかし、安心してください。表面だけのことなので、錆の部分を取ってしまえばいいのです。金属タワシなどでこすれば赤錆は取れます。錆を取ったら、フライパンは油でコーティング。鉄は油を吸収しやすいので、洗ってもその油分は錆止めとして作用します（シュロタワシで洗う程度なら油分は残ります。洗剤を使うと油分を失ってしまうのでお勧めしません）。鉄瓶は特殊なのでP105を参照ください。水気でできた錆を湯垢で封じ込めるというウルトラCができるのです。

やってはいけないこと

| 電子レンジ | 食洗機 | 水気を残す | つけおき | 食材の放置 | 急冷 |

※鉄瓶は中を触らない

鉄の道具

2章　素材別のお手入れ方法

基本の手入れ
鉄のフライパンの場合

金属の中で鉄は油馴染みナンバーワン。油と馴染めば、焦げつきにくくなり、錆びにくくもなります。もし赤錆が出ても磨けば大丈夫。一からやり直せるのが鉄の良さです。

1 触れるくらいに冷めたら洗い始める。油分はキッチンペーパーなどでひと拭きする。

2 シュロタワシで洗う。油分をほどほどに残したいので洗剤はつけない。

3 洗剤を使いたい気持ちを我慢して、そのまますすぐ。

4 空焚きして水分を飛ばす。空焚き後、油は塗らない。ベトベトして油が酸化するため。

※使う時の注意点

初めて使う時は、油を入れてくず野菜を炒める。焦げてしまった時は、シュロタワシで焦げを落としてから油を入れてくず野菜を炒める。

使う道具	シュロタワシ
洗剤	使わない
乾かし方	空焚き
しまい方	乾いたらそのまましまう（油は塗らない）

🔲 トラブルシューティング 1

鉄の鍋やフライパンに赤錆が出た場合
使い終わってからの乾かし方が甘いと赤錆が出ることがある。

2　水をつけながらさらにこする。

1　金属タワシ（写真はステンレスタワシ）でまずは水をつけずに錆をこすって剥がす。

3　水ですすいで乾かした後、油を入れてくず野菜を炒める。

103

◰ トラブルシューティング 2

鉄瓶に赤錆が出た場合
全面を覆うほどの赤錆が出ても、沸かしたお湯を白いコップに入れても透明だったら、このまま使い続けても大丈夫。錆の上に見えないコーティング（湯垢）ができている。この湯垢を剥がさないために、「鉄瓶の中は触らない、こすらない」が鉄則。

赤錆を抑えるために必要なもの

緑茶パック

金属タワシ（写真はスチールウールタワシ）※使用上の注意はP175

1 錆を金属タワシでこすって剥がす。

2 水を入れてすすぐ。

3 緑茶パックを入れる。茶葉が張り付かないように必ずパックで。15〜30分沸かす。

4 まだ赤いが、錆はかなり抑えられた。

5 左が錆を落とす前、右が錆を落とした後に沸かした湯。透明になるまで3の作業を繰り返す。

トラブルシューティング 3

白くなった場合
鉄が白っぽくなる場合がある。

1 布巾に濃い緑茶をつける。

2 1の布巾で気になる部分を拭く。お茶のタンニンと鉄が反応して馴染んでくる。

※使う時の注意点
初めて使う時は、「お湯を沸かしては捨てる」を3回ほど繰り返し、鉄瓶をお湯に慣らす。
硬水を使うとより効果が高い。使い終わったら必ず空焚きする。

銅・真鍮の道具

銅の特性は熱伝導率の高さと抗菌作用。
これを理解すれば、上手に使いこなせます。

10円玉は銅95%の青銅。真鍮は銅と亜鉛の合金で5円玉の素材。
子どもの頃にレモンできれいにした人もいるのでは？
銅の錆は緑青。
銅の熱伝導率は鉄の5倍。
銅のことを知れば、銅製品がもっと身近になるはず。

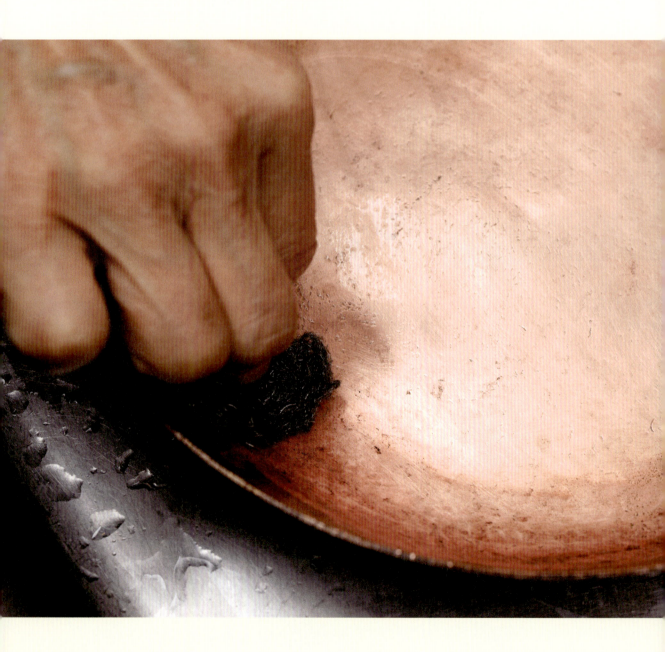

人類が最初に使った金属

素材として鉄やステンレスに比べ高価であるため、加工した道具も値段は高めになりますが、その価値のある銅の道具。素材としては、人間が1万年ぐらい前から使ってきた「人類が最初に使った金属」と言われています。古代の鏡や大仏像、10円玉などの素材の青銅は銅と錫を主体とした合金です。銅メダルのことをブロンズと言いますが、bronzeは青銅のこと。銅はcopperです。真鍮は銅と亜鉛の合金で5円玉がこれで黄銅とも言われ、英語ではbrassです。銅にニッケルと亜鉛を加えたものを洋白といいます。

さて、銅の利点の第一に挙げられるのは抗菌性。O-157、ノロウィルス、大腸菌、ジオネジラ菌、さらに新型コロナにも効果があるという素材です。

熱伝導率も高く、銅を100%とすると、アルミニウムは56.7%、鉄は19%、ステンレスは4%。お湯を早く沸かすには最適な素材ですが、お湯だけではもったいない。フレンチの厨房を舞台にした映画などを観ると、厨房には銅の鍋やフライパンが並んでいます。銅の熱伝導率の高さとフランス料理の相性が良いようです。日本だと銅の玉子焼き器がありますが、これも熱伝導率が高いのが理由。熱は均一に伝わり、短い時間でおいしく仕上げられるから、敢えて玉子焼き専用の道具ができあがったのでしょう。蓄熱性もあるので余熱調理もできるというのが銅の調理道具の利点です。

熱源はIHが使えるメーカーと使えないメーカーがあるので、注意してください。

錆と被膜ときれいを維持する方法

抗菌性のある銅ですが酸化はします。銅の錆（酸化）は緑色の緑青です。鍋やフライパンも、酸、塩気、水分が残っていると緑青が吹くことがありますが、金属タワシで取れます。毒ではないので取ればそのまま使い続けられます。色の話でいうと、「あかがね」を漢字変換すると「銅」が出てきます。ちなみに金を黄金と言いますが、銀は白金（これも「しろがね」の変換で「銀」が出てきます）。赤金（あかがね）の文字のように、新品の銅製品はピンクとも表現できるような赤を感じさせる色を呈していますが、使い続けるとなかなかの貫禄のある表情になってくるのは、新旧の10円玉を思い出せば納得でしょう。茶色味が出てくるのは酸化被膜（金属の道具を使い続けると、被膜と錆の話が必ず出てきます）、もう少し黒いものは焦げ。使い込んだ感じを楽しむ人はそのままでも良いと思いますが、酢と塩で洗うか、焦げのひどいものはスチールタワシで磨けば、見事に蘇ります。

この酸化被膜はお店で展示中にもできてしまうので、皮膜で貫禄が出るのを避けるためにコーティングして販売されているものもあります。その場合は、沸かしたお湯の中に入れて被膜を溶かすなど、購入時の説明通りの方法で使い始めてください。

銅も実は「必須ミネラル」

よく鉄分不足の話題は出ますが、鉄分とは必須ミネラル。実は銅も必須ミネラルなのです。血液や骨を作る、血管や脳の働きを正常に保つために必要なものなのです。

やってはいけないこと

基本の手入れ
真鍮の道具の場合（銅もこれに準じる）

真鍮は銅と亜鉛の合金。銅と同じように緑青が吹く場合があります。緑青は毒ではありませんが気持ちの良いものではないので、金属タワシ（スチールウールタワシ）で取るようにします。

1 サッと水で流す。

2 スポンジに中性洗剤をつけ、塩分（緑青の原因になりやすい）が残らないようにしっかり洗う。

4 布巾で水分をしっかり拭き取る。

3 水ですすいで、洗剤をしっかり洗い流す。

※使う時の注意点
真鍮は手で持つと手から出る硫黄分や油分などで変色する。使っていくうちに変色は馴染んでくるが、気になる場合は「磨き」で対処する。

使う道具	スポンジ
洗剤	中性洗剤
乾かし方	布巾で拭く
しまい方	水気がなければ大丈夫

🔧 トラブルシューティング

銅・真鍮の輝きが落ちた場合
緑青は吹かなくても、だんだんと輝きが落ちてくるのは10円玉で証明済み。そんな時は磨いて解決する。

1 スチールウールタワシに軽く水をつけて磨く。

2 水で流す。

3 ピカピカに戻る。レモン汁やクエン酸をつけた布巾で磨いても輝きは戻る。

銅が焦げた場合
銅は熱伝導率が高いので、ちょっと目を離すと、煙が出ていることもあるので気をつけて。

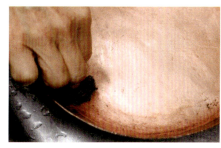

1 スチールウールタワシに軽く水をつけて磨き、水で流す。焦げが酸化膜と一緒に取れることもあるので油汚れを落としてから酸性の液に浸し(酸性液に浸したキッチンペーパーを貼り付けてもOK)、その後でクレンザーで磨いても良い。

2 磨いたところは銅本来のピンクの地肌が戻っている。

銅・真鍮の道具

2章 素材別のお手入れ方法

111

銀・錫のうつわと道具

銀と錫、見た目はとても似ていても、手入れは大きく違います。

ヨーロッパでは裕福な家に生まれた子のことを「銀の匙をくわえて生まれる」と言います。
お祝いにいただくこともある銀のカトラリー。
久々に開けたら真っ黒、なんて経験もあるのでは。
一方、銀色だけど銀ではない錫は変色なしの手間いらず。
同じような色のふたつの金属を知りましょう。

酸化しづらく、硫化しやすい銀

日本における銀の利用は、飛鳥時代の宝物（装飾品や鏡）に見ることができます。仏具や武具にも使われるようになり、江戸の太平の世には貨幣の使用が広まっていくにしたがい、硬貨にも使われるようになりました。中国や韓国では箸、ヨーロッパではカトラリーを銀にすることで、毒（ヒ素）の混入のチェックをしていたそうです（かつての技術がない時代のヒ素には反応しますが、今の精錬技術で作られた混じり気のないヒ素には反応しないそうです。そうそうヒ素を使う機会はありませんが）。

シルバーアクセサリーを身につける方は「銀の色の変色」に悩まされることも多いでしょう。銀が茶色くなったり黒ずんだりすると、つい「銀が酸化した」と言いたくなりますが、これは「硫化」なのです。人体からも硫黄分は出てくるため、手で触った部分が変色します。実際、銀は金に次いで錆び（腐食）にくい金属です。さらに銀の熱伝導率は銅に勝るほどの高さです。一部の好事家は茶道で鉄瓶ではなく銀瓶を使うそうです。販売者は電熱コイルで温める電熱器を勧めますが、銀を火にかける（必ず変色する）のは、なかなか勇気がいります。ガスには硫黄が含まれていて硫化のスピードも上がるため、銀瓶を使われる方はご注意ください。

銀イオンが入った抗菌グッズを見かけることからもわかるように、銀は抗菌性があることでも知られています。古代ギリシャ人はこの性能をすでに理解していたとか。

硫化しやすい＝変色しやすい性質と高価であるから、なかなかハードルの高い銀製品ですが、「磨いていく」楽しさを実感すると考えが変わってきます。陶器に貫入が入ることを「育つ」と言いますが、銀も「磨く」ことを繰り返すことで、じんわりと深みが増していきます。これは、陶器に銀彩を施したものも同じです。

お手入れいらずのナイーヴな素材の錫

銀と同じような色をしていますが、変化が少なく、使いやすいのが錫。融点が約232℃と低く、柔らかい金属です。柔らかいため、ろくろに錫の塊を設置して、刃物で削ることも容易にできます。手作業によるろくろの筋目のついたちろりや盃は、他の金属では味わえない風情です。最近は、この柔らかさを利用して、曲げて使ううつわを開発する工房も多いです。驚くほど簡単に曲がりますが、金属は曲げの反復で疲労します。折るような作業を繰り返すと、その部分に応力が偏ってかかり折れる場合もあるので、直角に曲げるようなことは避けましょう。このように柔らかいので、うつわは落下すれば曲がるし、細かな磨耗もしやすいので、手入れ要らずで色は変わりませんが、貫禄はついてきます。

錫の利点としてはイオン効果で「酒がおいしくなる」「水が腐りにくい」などが挙げられます。錫のちろりの熱燗だと味がまろやかになる、ともっぱらの話です。ぜひお試しください。

ピューターは錫の合金、そしてブリキは？

ヨーロッパではビアジョッキやポットなどによく使われているピューター。錫に数％のアンチモン（元素記号Sb）と銅を混ぜた合金です。錫より濃いグレーで少し硬い。お手入れは錫と同様に気を遣わなくて済みます。ブリキという素材もありますが、これは鉄板に錫を溶接したものです。

やってはいけないこと

🔲 トラブルシューティング 1

銀が硫化した場合
洋白（銅、ニッケル、亜鉛の合金）の素地に銀メッキのカトラリー。硫化（酸化にあらず。硫黄に反応している）して真っ黒に。あなたの食器棚にもありませんか。

手入れ後
輝きを取り戻した。

1 銀磨き、ない場合は歯磨き粉や重曹をペースト状にしたものを布につける。

2 1の布で力を入れて丁寧に磨く。

3 水ですすぐ。

4 スポンジに中性洗剤をつけて洗い、水ですすいで洗剤をしっかり洗い流す。

※使う時の注意点
ゴムは製造過程で硫黄を使うので、銀はゴムと接触すると硫化する。銀製品をゴムで束ねることはしないように。

114

🔲 トラブルシューティング 2

陶器に銀を塗って焼き付ける「銀彩」の手法。独特の風合いが素敵ですが、
手入れは銀製品と同じです。

銀彩が硫化した場合
銀のカトラリーと同じように硫化して黒くなった箸置き。

手入れ後
銀と同じように銀磨きまたは歯磨き粉や重曹などで磨くと輝きが戻る。

🔲 錫のお手入れ

錫は変化の少ない素材です。酸化も硫化もしませんが、
とても柔らかいので強い力には注意。

1 洗う時は柔らかいスポンジで。

2 拭く時も柔らかい布で。

※使う時の注意点
純度の高い錫はとても曲がりやすいので、強い力を入れると曲がる可能性がある。このちろりは
ろくろでまわし、刃物を当てると削れるほど柔らかい。金属タワシなどで洗うと確実に傷がつく。

115

アルミの道具

軽くて身近な素材ですが、
反応しやすいので扱いに注意が必要。

身近な素材であるアルミ。
軽くて扱いが楽なのは事実ですが、あれ？ 白いポツポツ？ 黒ずみ？ これは何？
実のところ、アルミは色々な変化が起きる素材。
他の金属のように「磨けば元通り」というわけにはいきませんが、
ポイントを押さえて仲良く付き合いましょう。

無垢のアルミとアルマイト加工

1円玉や飲料のアルミ缶でお馴染みのアルミニウム。アルミ箔のアルミですから色は銀色と思いきや、昔から合宿所や食堂でよく見かける金色の大きな鍋ややかん。あれもアルミです。あの金色は染めたのか？　という疑問が湧くかもしれませんが、あちらはアルマイト加工されたものです。

アルミニウムは1782年にフランスの科学者A.L.ラボワジェによって発見されたという新しい金属ですが、実は地球上で一番多い金属です。原料としてはボーキサイトと呼ばれる鉱石を苛性ソーダで溶かし、アルミナ分を抽出。電気分解し、アルミニウム地金を製造します。アルミの特性としてまず軽さが挙げられます。比重2.7は銅が8.9なので約1/3。熱効率は銅よりは低いですが、鉄よりは3倍も高い。軽く、熱伝導率が良いので、鍋としてはうってつけですが、酸とアルカリに弱いという弱点があります（他のものと反応する性質があることが、発見を遅らせた原因でもあったそう）。

日本では1890年『東京学芸雑誌』で初めて紹介され、「新しい貴金属」としてもてはやされたそうです。

アルマイト加工とはアルミニウムを電解処理して酸化被膜を作る表面処理加工のこと。金属にはよく「被膜」という言葉が出てきますが（ステンレスでは「不動態化被膜」(P121)、鉄(P101)でも酸化被膜の話が出てくる）、このアルマイト加工は1929年に日本の理化学研究所の実験で発見された日本の発明だそうです。金色のアルマイト加工は「しゅう酸」（ほうれん草に含まれている）を利用したもの。このアルマイト加工をすると手間要らずですが、反対に被膜なしの状態だと「きれいを保つ」には少し手間がかかります。

使っていくうちに、白いポツポツが出てくることがあります。これは水道水のミネラルがアルミと反応してできた水酸化アルミニウム。この水酸化アルミニウムがさらに反応し、黒くなることもあります。粗品でもらって、長くしまっておいたアルミ箔を使おうと思ったら、白いまだらになっていたなんてこともありますが、これはこの反応によるものです。特に強いアルカリ性の食材（かんすいやこんにゃくなど）を料理すると真っ黒になるので、要注意。お手入れによっては目立たなくなりますが、色の変化はアルミの宿命と思った方が気楽に使えるかもしれません。

手はかかるが、利点がてんこ盛り

とはいえ、アルミは利点がいっぱいの素材です。

・軽い（鉄、銅、ステンレスの1/3の比重）
・強い
・熱伝導率は鉄の3倍
・融点が低いため、簡単にリサイクルできる

以前は電気抵抗の小ささから使えなかったIHも、「オールメタル対応IH」が開発され、使えるようになりました。

アルミ箔を使う理由

消耗品ではありますが、アルミ箔を料理でよく使うのは、単に食材の張り付きにくさだけではなく、アルミが輻射熱を反射する性質を持っているからだとか。防災の知恵として「アルミ箔を体に巻くと体が冷えない」のは、この原理を利用しています。

やってはいけないこと

基本の手入れ

酸とアルカリに弱いアルミ。白いポツポツ（白錆）が出てきたら、水道水のミネラルがアルミと反応してできた水酸化アルミです。さらにこの水酸化アルミが反応し、黒くなることもあります。

1 キッチンペーパーなどで油を拭き取る。

2 サッと水で流す。

3 スポンジに中性洗剤をつけて洗う。

4 水ですすいで、洗剤をしっかり洗い流す。

5 継ぎ目の部分も念入りに。

6 水道水のミネラル分を残さないようにしっかり拭く。

※使う時の注意点

最初に野菜くずや米のとぎ汁を煮ると、灰汁でアルミの表面に膜ができてきれいを保てるというが、完全ではないのであまり期待値を上げないように。この膜は取れやすい。

使う道具	スポンジ
洗剤	中性洗剤
乾かし方	布巾でしっかり拭く。空焚きしてもOK
しまい方	水気がなければ大丈夫

回 トラブルシューティング

黒反応白錆が出た場合
米のとぎ汁や野菜くずを煮ないで皮膜を作らずに使い続けると、このくらい黒くなる。

2　水ですすいで洗い流す。

1　スチールウールタワシで磨く。

3　ほぼ黒さがなくなりきれいに。すぐに米のとぎ汁か野菜くずを煮て、灰汁でコーティングする。

※注意点
重曹は決して使わないように。アルカリと反応してもっと黒くなる。

回 実験

レモンやリンゴの皮でこするときれいになるとよく言われるが、ここまで黒くなるとあまり反応しなかった。

トマトを煮たところ少しは改善されたが、期待値が大きいとがっかりするかもしれない。

ステンレスの道具

「ステンレス」の名の通り、錆びにくくて、使いやすい合金。

金属の道具の中では加工がしやすく、手を出しやすい価格。
アイテム数も多く、気軽に使える頼もしい金属です。
それゆえ台所に占める数もたくさんのはず。
手入れ次第でしっかりピカピカの状態になるのが嬉しい素材です。

ステンレス＝錆びないではなく、錆びにくい

「ステンレス」とはステン（stain）＝汚れ・錆＋レス（less）＝少ない、つまり、錆びにくいという意味です。「ステンレスは錆びない」と勘違いされがちですが、ステンレスの素材は、鉄にクロームやニッケルを混ぜた合金。「18-8ステンレス」などと言われる場合がありますが、これは「クロムが18％、ニッケルが8％」入ったもののこと。18-8ステンレスは別名「SUS304」（SUSはsteel use stainlessのこと。数字の最初の番号は鋼種）。クロムだけよりもニッケルが混ざった方がより錆びにくくなります。クロムは鉄に「不動態化被膜」というごくごく薄い膜を作る働きをし、ニッケルが加わるとその動きが増します。この不動態化被膜が破壊されても、空気に触れていれば再生するという驚きの被膜です。

錆びにくさと値段の頃合いの程良いのが18-8のバランスです。一方、SUS430はニッケルが入ってない18-0の素材。入手しやすい価格のため鍋やフライパンも安価なものが多いです。高級ステンレスフライパンの素材にSUS444と書いてある場合もあります。これはモリブデンが含まれ、耐食性に富んだ素材です。

ステンレスの誕生は20世紀に入ってからですが、錆びにくく、耐熱性も保温性もあって扱いやすいため、多くの道具が作られています。

優等生の素材でもほったらかすとグレる

ステンレスは比較的手のかからない道具ですが、洗っても拭かずに天然乾燥などを繰り返すと、白い斑点が浮き出てくることがあります。これは水に含まれるマグネシウム、カルシウムなどのミネラル成分が付着したものです。白い点を見つけたら、クリームクレンザーなどで磨き、しっかり洗って拭いて、また不動態化被膜を作りましょう。

虹色に見える場合もありますが、これは水の中の鉄やイオンが不動態化被膜に付着して見える現象。気にする必要はありません。

また「もらい錆」というものもあります。錆びた鉄などに長時間接していると、付着した錆を起点に自身も錆びる、というまさにもらった錆。

黒くなることもあるのは、食材に含まれたタンニンがステンレスの中の鉄と反応したもの。これもクリームクレンザーなどで磨き取ってください。

熱源のこと

ステンレスの鍋はもちろんガスにかけられますが、ステンレス容器に関しては、薄いステンレスを使っていることが多いので、直火やオーブンに入れると変形する可能性があります。メーカーの使用説明にしたがってください。

磁石にくっつかないステンレスはIHに反応しないと言われていましたが、最近は「オールメタル対応IH」が開発されました。

やってはいけないこと

基本の手入れ

道具として使いやすいステンレス。使えば変化する道具が多い中、手入れをすれば、ほぼ新品に戻せる貴重な素材です。

1 サッと水で流す。

2 スポンジに中性洗剤をつけて洗う。

3 ふたも表裏しっかり洗う。

4 水ですすいで洗い流す。

5 一旦、洗いかごへ。

6 布巾で水気をしっかり拭き取る。

使う道具	スポンジ
洗剤	中性洗剤
乾かし方	布巾でしっかり拭く
しまい方	水気がなければ大丈夫

🔲 トラブルシューティング

焦げや油汚れの場合
メンテナンスしないと、油がこびりつき、見る影もない状態になる。

2 1に浸ける。

1 酸素系漂白剤を使う。商品の指定通りの温度の湯量に、酸素系漂白剤を入れて溶かす。

3 指定通りの時間で引き上げると、頑固な焦げや油汚れはほぼ取れていた。

🔲 酸素系漂白剤では落とせない場合

鍋の底にこびりついた焦げは、金属タワシでこすったらきれいに落ちる。

琺瑯のうつわと道具

ちょっとレトロな琺瑯の道具。
ぶつけて欠けても慌てない。

鉄板にガラス質の釉薬を掛けて高温で焼き付ける琺瑯。
鉄の丈夫さとガラスの清潔感、
そしてちょっぴり懐かしい雰囲気を醸し出す、独特な素材です。
衛生的な素材ですが、衝撃に少し弱いのが玉に瑕。
傷ができても鉄板の素地が見えていなければ、錆びることはありません。

金属とガラス質の合わせ技の素材

琺瑯は金属にガラスの釉薬を掛けて窯で焼いたもの。歴史的には紀元前1300年頃に作られ、古代の宝物が今でも残っています。七宝焼も琺瑯の一部です。明治の後期に輸入が始まり、やがて国内でも生産され始め、1915年には13府県での生産の記録が残っています。「瀬戸焼」「瀬戸引き」と一時呼ばれたようですが、ガラスの釉薬を掛けている点では、ベースが土か金属かの違いなので、確かに言い当てた表現です。製造するには鋼板を加工する工場、そして釉掛けして仕上げる工場と分業になることも多いですが、現在、家庭用品を作る国内の工場は減る一方です。

素材としては直火も可能ですが、キャニスターの場合はベースの鋼材が薄いことが多く、ガスのカロリーに負けて変形などの恐れがあるため、使用説明書にしたがってください。

最近は、琺瑯製品を作る個人作家もいます。銅に琺瑯を掛けてうつわを作るある作り手は、「銅は熱伝導率が高いので、夏は冷やしておいて冷たいデザートなどをのせると良い」とアドバイスをくださいました。

儚く愛しい素材

錆びやすい金属を衛生的なガラスでコーティング。耐熱性があり、耐食、耐酸性があるのでジャム作り、保存にも向いています。かつては琺瑯で看板も作られていました。レトロな街並みを再現するには必須のアイテムです。ふっくらとした独特の質感は、他の何者にも変え難く、良いとこ取りですが、なにぶんガラスですから、「欠けやすい」ことは否めません。琺瑯の良さは、カラーバリエーションの多さでもありますが、ぶつけて欠けると、コーティングの色と欠けて見えた地の色の対比がとんでもなく目立ってしまいます。これは避けられない上、一般的に焼き直しは受けていません。良心的なメーカーは、琺瑯が欠けても錆びやすい地までいかないように下地を二重にしています。欠けてもショックは受けない。共に歩んでいく。「あばたもえくぼ」と思って付き合っていきましょう。

重曹が仇になることも

琺瑯をきれいにするには、重曹を入れて、食用油を少し加えて煮立たせれば、大抵の焦げや汚れが取れます。これが嬉しくて何度もやっていたら、ある時から汚れが落ちにくく、さらに表面がざらついてきました。重曹の使いすぎで艶がなくなったのです。それは表面に小さな凹凸ができているということ。汚れもつきやすく、落ちにくくなります。重曹は確かにきれいにしてくれますが、研磨作用があるので毎回使うようなことはやめましょう。

下地を二重に加工している琺瑯。鉄の素地が見えているが、錆びないのでこのまま使える。

安価な琺瑯は下地を二重にしていない場合が多く、鉄の素地から赤錆が発生する。

やってはいけないこと

   金属タワシ

基本の手入れ

手間要らずの琺瑯ですが、毎日、しっかり洗わないとそれなりに汚れはつきます。鍋の縁は強度を保つためにカールしているので、カールの中に汚れが溜まっていないか、ぜひチェックを。

1 サッと水で流す。

2 スポンジに中性洗剤をつけて洗う。

3 水ですすいで洗い流す。

4 布巾で水気をしっかり拭き取る。

使う道具	スポンジ
洗剤	中性洗剤
乾かし方	布巾で拭く
しまい方	水気がなければ大丈夫

重曹の使い過ぎに注意

汚れがこびりついた時は、重曹と油を1滴入れて煮込む、というのが常套手段。ただし、やり過ぎてしまうと、重曹の粒で表面が全面的にザラザラして、汚れがつきやすい状態になる。重曹は研磨作用があることをお忘れなく。

トラブルシューティング

汚れが取れなくなった場合
表面がザラザラして、汚れが取れにくくなってしまった鍋。

1 酸素系漂白剤を使う。商品の指定通りの温度の湯量に、酸素系漂白剤を入れて溶かす。

2 指定通りの時間でお湯を捨てると、きれいにはなったが、重曹で研磨されてしまった部分はザラザラ感が残り、琺瑯本来の艶は戻らない。

鋼の道具

> 手入れが難しそうと敬遠しないで
> まずは使ってみることが大事。

扱いが難しそう、錆びそう、研ぐのが面倒……。
ハードルが高そうな鋼の包丁ですが、
まずは使ってみないことには話になりません。
手入れまで含めて奥深い鋼の包丁は、
面倒ではなく「おもしろい」のです。

世界の憧れの存在

包丁の語源は、古代中国の「荘子」養生編に出てくる、牛の解体の名手「庖丁（ほうてい）」の名前から取ったと言われているようです。

よく「和包丁」と「洋包丁」と言われますが、それは「片刃」と「両刃」の違いのこと。そして、力の掛け方が「引く」と「押す」とでは大きく違い、ノコギリと同じです。日本のノコギリは引く動き、西洋のノコギリは押す動きで、この違いは刃のつき方の違いによるもの。魚などの生物を食べることが多かった日本人にとって、繊細な切り方ができる「片刃」で「引く」動作は必然だったようです。さらに片刃の裏面は、「裏スキ」という、隙間が開くようにカーブした部分があります。この隙間によって、食材との摩擦が減り、断面がきれいに切れ、食材が離れやすくなります。刺身にかつら剥き、千切り、薄切りなど、片刃で少し斜めに刃を下ろすことで成しえるのが和包丁なのです。

一方、「洋包丁」は両刃で、食材を押しながら肉をしっかり切ることなどに向いています。明治の時代になり、洋食が増えるにしたがい、押し切りも増え、家庭用の包丁は両刃になっていきました。

金属の包丁の作り方は、「打ち刃物」（一丁ずつハンマーで打ち、形を整える）、「ステンレス鍛造刃物」（ヨーロッパで主流の鍛造後、型抜き）、「抜き刃物」（金型で打ち抜き成形する）などがあります。打ち刃物は一本一本、職人さんが手作り、プレスのものは機械に頼るところが大きいため値段は抑えめで、品質も安定しています。

マニアックなところでは「刃の紋様」を楽しむ方もいます。金属を積層した「ダマスカス鋼」の波紋を楽しむ方も多いですが、釜浅商店（P132〜）さんは「地味かもしれませんが、シンプルな鋼材をお勧めする」とおっしゃいます。

世界が憧れる日本の包丁

釜浅商店さんには多くの海外の方が日本の包丁を求めに訪れます。切れる包丁への憧れは海を越え、人を惹きつけています。映画などで海外の包丁の扱いを見ていると、シャープナーで研ぎ、ガスの火に当てることもあります。日本の包丁はどちらも御法度。前述のようにそもそも作りが違うので使い方も違います。日本の包丁は「砥石で研ぐ」ことでその能力が発揮されます。実はステンレスでも同じで、鋼の包丁に比べて研ぐ頻度は低いけれど、研いで使うものなのです。火山の多い日本では良質な砥石が多く採掘され、研ぐ文化が生まれました。包丁は買って終わりではなく、「研ぎと二人三脚」なのです。

素材を守る錆もある

赤錆を思い浮かべるかもしれませんが、黒い錆もあります。鋼の包丁の黒い部分は黒錆（酸化被膜）で、これは包丁を作る作業過程でできるもの。赤錆を防ぐ効果もあるので、この部分は研がないようにしましょう。

やってはいけないこと

電子レンジ　食洗機　落下　金属タワシ　火であぶる　冷凍品を切る

釜浅商店さんに聞きました
基本の包丁の研ぎ方

「研ぐ」という作業は、鋼でもステンレスでも包丁を気持ちよく使う上で必要な手入れ。苦手意識を持たずクセをつけ、切れ味を維持しましょう

1 水を張った桶、布巾（手拭い）、砥石を用意する。砥石番手の違うものをいくつか用意してもよいが、日常の手入れであれば中砥だけでじゅうぶん研げる。

2 砥石を水に浸す。

5 10円玉1〜2枚分ほど、包丁の峰を砥石から浮かせる。

3 砥石をきつく絞った布巾の上に置く。

6 砥石に対して45度くらいの角度に包丁を置き、先端1/3くらいを研ぐ。

4 人差し指で峰、親指でアゴの部分を支える。

7 中央部分を研ぐ。左手を包丁の先端に添えると危険なので注意する。

8 下1/3くらいを研ぐ。バリが出てきたら裏側を研ぐ。

9 裏面を研ぐ時は、親指で柄と刃の接ぎ目（ツバ）、人差し指でアゴ部分を支える。

10 砥石に対して表面同様に包丁を置き、先端1/3くらいを研ぐ。

11 中央部分を研ぐ。研ぎ汁は研磨剤なので洗い流さずに。どの工程でも、左手は添えるぐらいの力の入れ具合。

12 下1/3くらいを研ぐ。この時。包丁は砥石に対して直角に置く。

13 バリが片側にめくれて付いているものを取る作業。

「バリ」とは

小さくノコギリ状になっているのが、包丁を研いだときに刃先にできる「バリ」と呼ばれる金属の反り返りです。指で触ってバリが確認できたら包丁が正しく研げている証拠です。

column

包丁をとことん探したいときの
強い味方

釜浅商店（東京都台東区）

包丁はなんとなく切れてしまうので「何が正しいのか」がわからない上、いまさら恥ずかしくて聞けない道具でもあります。そんな人に寄り添ってくれるお店が釜浅さんです。

浅草で100年

浅草と上野の間、800mに及ぶ商店街、合羽橋。1912年には数件の道具商や古物商が商いを始めたようです。1923年の関東大震災の復興を機に、食に関わる商店が増えていき、現在は約170の店舗が並んでいます。釜浅商店は1908年に「熊澤鋳物店」として開業。1953年に「釜」を売る「浅草にある店」ということで、屋号を「釜浅商店」へ。現在の店主は4代目の熊澤大介さん。扱い品を「良い道具には良い理（ことわり）がある」「良理道具」とうたい、「良きものを選び、お客様にきちんと伝える」べく、家庭用から厳しいプロの目に適うものまで、品物も対応も完璧。そのための日々の努力を惜しまないお店です。

納得しながら求められる

釜やフライパン、調理道具一般を広く扱っていましたが、海外の方々の包丁への関心をひしひしと感じるようになり、2018年には包丁を含めたラインナップでパリに出店。2020年8月に2棟あった社屋のひと棟を包丁専門の売場に改装しました。包丁売場の構成は壮観かつユニーク。まず壁一面に並ぶ包丁。その数およそ60種類ほど。ユニークなのはお客様と店員が立って向き合い、黒いまな板が貼ってある横長の机に包丁を数本も並べています。多くの人はたくさん並ぶ包丁を前に、戸惑うでしょう。「これ一本あれば良い」と言われる三徳包丁ですら何種類もあります。どんなふうに選んだら良いのか、一対一対応でお客様の要望や戸惑いを聞き出し、この机に並べ、丁寧に説明し、納得のいくものを求めていただくのが釜浅商店の販売の基本なのです。壁には包丁の基本的な選び方や注意点なども書いてありますから、「何も知らなくて店員さんに聞くのが恥ずかしい」方は、まずこのメモを読み、なんとなく理解すると、さっきまで区別がつかなかったおよそ60種類の包丁のそれぞれの顔がなんとなく見えてきます。

包丁を使う上での注意

しかし、包丁は選べばそれで終わりではありません。メンテナンスをする必要があり、それ以前に日々注意することがあります。

担当の阿部さんによると、最初のポイントは「鋼の包丁を使う時は、必ず"濡れ布巾"を手元に用意すること」。これは、食材の灰汁を拭くためです。P137の包丁の全面を覆う茶色いものは灰汁なのです。使いながら濡れ布巾で拭くと、灰汁のこびりつきは減ります。

しまい方は「流しの下に大抵設置されている包丁差し」と「マグネットで壁につける」ことは勧めないとのこと。流しの下は湿気が溜まりやすいので錆びる心配があります。マグネットで壁につけている場合は、マグネットの磁力で包丁に磁力がついてしまうことがあるそうです。磁力がつくと空気中のほこりに含まれる微細な鉄粉が反応して付着してしまう可能性があり、この鉄粉が水分と結びつくと錆の原因になってしまいます。

シャープナーに関しては「瞬間的な切れ味の再現」にはなるそうです。シャープナーは西洋の包丁向けに作られ、「砥石で研いで切れ味を戻す」日本の包丁にはあまりお勧めしないとのこと。釜浅商店で販売しているものは1週間に1〜2度程度の使用頻度で2〜3年の耐久性だそうですが、砥石なら何年も持ちます。

さらに「包丁をやさしく受け止めるまな板を使うこと」も大切と言います。お店にいらっしゃる海外の方はまな板を使って切る概念がない方が多く、まな板の重要性を説くことが大きな仕事。まな板の素材であるヒノキ（柔らかさと抗菌性を併せ持つ）やギンナン（粘りがあり刃の吸いつきが良い）の特性を説明するそうです。木は多少の刃傷は、水分につければ復元する力を持っています。

絶対に切ってはいけないのは「冷凍食品」。刃こぼれするので、必ず解凍してから使うようにとのアドバイス。

色々気を遣って使っても、切れが悪くなってきたり、うっかり欠けさせてしったりする事はあります。その場合は、プロに任せるのが一番。自分で研げる人でも、たまにプロに研いでもらうと切れ味の良さと持続性に驚きます。

阿部里奈
青森県出身。2007年D&DEPARTMENT PROJECTに参加。2022年より東京・合羽橋道具街にある料理道具店、釜浅商店に入社。包丁売場マネージャーを経て、現在は商品部に所属し主に包丁のMDとして商品企画に携わる。

column

包丁の構造

「和包丁」「洋包丁」って何が違うの?「ステンレスと鋼」の違いは?
まずはここから始めましょう。

刃のつき方

片刃（和包丁）

素材は鋼材、または地金（鋼材より柔らかい金属）と鋼材を鍛接したもの。表側だけに刃が付いている。ステンレスの片刃もある。用途や目的によって形が変わってきます。

両刃（洋包丁）

構造は鋼材のみでできている、一枚鋼材と、鋼材を地金で挟み込んでいる三枚打ちがある。素材は鋼とステンレスがあり、刻んだり、均一に切り分けやすい。

素材

ステンレスと鋼

（左）ステンレス：錆びにくいため、お手入れがしやすい。
（右）鋼：錆びやすいのですぐに拭く癖をつける。どちらも片刃と両刃ある。

家庭用 基本の3種

「で、結局、何を揃えたらいいの?」と悩んだら、
三徳、牛刀、ペティの3本を揃えれば大丈夫。

ペティナイフ
小回りがきき、皮剥きにも使いやすい。持ち方は次ページを参照。

三徳包丁
菜切包丁と牛刀の良いとこ取りの包丁。刃幅があり、刃はまな板とほぼ平行に野菜が安定して切りやすい。

牛刀
形状の特徴は刃線が反っていること。利点は「押し切り、引き切り」で使うことが多いので、大きめの肉も反りを生かして切りやすい。

包丁の種類と選び方

3本で良いと言われても、種類が多いのでもっと知りたくなります。釜浅商店ある60種類ほどの包丁の中から10本を厳選してご案内。

万能包丁

牛刀
海外で万能包丁として広く使われており、プロのシェフにも支持される。

三徳包丁
日本の台所で使われており、肉・魚・野菜と広く使える万能包丁。

ペティナイフ
フルーツや小さい食材の切り出しに。メインの包丁と合わせて持ちたい。

野菜用

菜切包丁
日本独自の四角い菜切包丁は、野菜の千切りやみじん切りなど日常使いに適している。

魚用

出刃包丁
魚をさばくのに最適。3枚におろしたり、骨を叩き切ったり、魚料理に使える。

柳刃包丁
刺身を切るのに最適な包丁。生肉やロースト肉も滑らかにきれいに切ることができる。

パン用

パン切り包丁
耳が硬いパンなども切り込みやすい。

肉用

筋引包丁
大きな塊肉や肉の筋を切る。家庭用に刺身包丁としても使える。

骨すき包丁
肉や魚の解体に適している。

子ども用

「一緒に成長する包丁」がコンセプト。包丁を通じて、料理の楽しさと道具を大切にする心を育む。

ペティナイフは指の延長

ペティナイフの正しい使い方をご存知ですか。写真のように刃の峰に人差し指を当てて持つのが正しいそうです。「指の延長として考えると、使いやすいですよ」と阿部さん。

column

修理の事例

自分で研ぐのもいいですが、やはりプロに頼まなければいけない場面も出てきます。

■「欠け」の場合

1 このくらいの欠けならば、実は「荒砥」でも取れるが、もう少し大きくなったら、プロに任せた方が良い。

2 荒砥で研ぐ。大きな欠けの場合はグラインダーを使う。

3 刃形を変えないように、プロも様子を見ながら研ぐ。

4 中砥、仕上げ砥の順で研ぐ。

5 最後に新聞で「返し」を取る。

6 見事に研ぎ上がった包丁。

砥石について

P130では中砥のみでの手入れを紹介したが、本当は荒砥、中砥、仕上げ砥の3種類を用意しておいた方が良い。荒砥は80〜500番、中砥は800〜2000番、仕上げ砥は2000番以上。荒砥は刃こぼれなどの修正に使えるが、切れるようにはならない。中砥だけで仕上げる人もいる。仕上げ砥を使うことで、切れ味を長持ちさせることもできる。

左から荒砥、中砥、仕上げ砥。

左の写真は変形した砥石。これではきちんと研げないので、面直しが必要。右の写真は面直し用の砥石。これで砥石を水平にする。

お店でも販売しているお助けキット「クレンザー」と「錆び取り消しゴム」

「錆び、アク」の場合

1 刃の部分の茶色は食べ物の灰汁（あく）や錆が残った状態。

2 クレンザーを粉のまま灰汁の上に、適度に散らす。

3 水につけた錆び取り消しゴムでこする。

4 錆び取り消しゴムは「特殊ウレタン樹脂研磨材」。力を入れすぎると傷がつくので。加減を見て。

5 裏側も同様に。

6 灰汁がつくことを防ぐには、調理中、濡れ雑巾を用意してこまめに拭くこと。

田村憲之
スケートボードの世界大会に出場するなどダウンヒルスケーターとして活躍後、2021年に老舗の包丁店にて包丁研ぎの技術を習得。2023年「釜浅商店」に入社。研ぎ師として主に包丁のメンテナンス業務に携わる。

釜浅商店

〒111-0036　東京都台東区松が谷 2-24-1
料理道具売場（代表）　03-3841-9355
包丁売場　03-3841-9357
https://kama-asa.co.jp/

陶器

おそらく日本人に一番馴染みのある素材。
特徴や注意点を改めて知りましょう。

「これは何焼?」と、とりあえず確認する方が多いこと。
陶磁器に産地があることが常識になっている証拠です。
日々、何気なく使っている「焼きもの」という身近な素材。
改めて調べると、おもしろいことが色々あります。

陶器は何からできているか

焼きものは陶器、磁器、炻器といった種類に分類されます。この中でもっとも昔から身近にあったのは陶器でしょう。よく陶器は土もの、磁器は石ものといいます。

焼きものにするにはどんな土でも良いわけではなく、可塑性（かたち作れる性質）が必要です。伸びが良くて腰が強いことが必要。そして成形して乾燥した時に強さと亀裂が入らないこと（土壁がヒビ割れたりしますが、ヒビが入っていたら焼いても意味はありません）。最後に焼き締まること。焼成してうつわとしての機能を全うしなければなりません。その土を得ることが最初のハードルです。

焼きものは、形を作るための粘土などの「骨格成分」、焼いて固めるための陶石や長石などの「焼結成分」、可塑性の調節や乾燥亀裂を防ぎ、焼き縮み（成形性）を調節する石英などの「成形成分」を組み合わせてできます。これらの素材は全国に様々あり、その個性の組み合わせによって、実に様々な焼きものが生まれてくるのです。

最初の焼きものは、窯のない野焼きと呼ばれる焼き方でした。穴を掘ってものを燃やしていたら、その穴が硬くなっていることに気づき、「土は燃やせば固まる」と作られ始めたのが土器。それが渡来人によって窯の技術がもたらされ、もっと精巧な焼きものに発展していったのです。

陶器と磁器の判別は、うつわを弾いてみて、鈍い音がすれば陶器、金属音がすれば磁器です。叩いたものが割れていると、陶器の鈍さとは違う鈍い音がなりますので、食器売り場の販売員さんが、割れのチェックのために弾くことがあります。

貫入と使い始めの話

貫入とは焼きものの表面に入った細かな「ヒビ」。「割れ」ではありません。陶器と磁器の決定的な違いのひとつは、貫入が入るかどうか。おもしろいもので日本人は、うつわに入ったヒビに有機物が入った状態を「育った」「良い景色」と褒めます。

土に釉を掛けて焼成する際、熱で膨張するため、土と釉の熱膨張係数の違いで貫入が入ります。要は引っ張り合いでできた亀裂です。ただ、使いながら入るものもあります。素地が湿気を吸収して膨張し、釉に亀裂が入って土に染み込んでいく場合です。使う前にうつわに水を通すと、じんわりと貫入が入るようになります。

「貫入を防ぐために使う前に米のとぎ汁で煮る」という説を唱える方がいますが、かえってカビを誘発させると思います。土鍋の使い始めはとぎ汁で煮るのは目止めのために必須ですが、土鍋は使うたびに毎回火を入れるので、カビる間がありません。うつわは火にかけることがないので、有機物を無理に染み込ませないことをお勧めします。

貫入が入らない陶器も

陶器は精陶器と粗陶器に分けられます。長石質や石灰質をベースにした緻密で固い素地で吸水性がない精陶器には貫入が入りません。一方、山や田圃から採ってきた赤や黒や黄色など色のある粘土を主原料にした粗陶器には貫入が入ります。

やってはいけないこと

落下　※電子レンジと食洗機は商品の使用法に準じること

陶器

2章　素材別のお手入れ方法

139

基本の手入れ

馴染み深く手がたからない陶器ですが、中には染みやすく、シミになるものもあります。まずは水に浸して、吸水性をチェックしましょう。

1 サッと水で流す。米粒がこびりついていたら、しばらく水を張る。

5 触って湿気がある場合は、すぐにしまわず、水切りかごなどに置いて完全に乾かす。

2 スポンジに中性洗剤をつけて洗う。

3 水ですすいで洗い流す。

すり鉢などはスポンジではなくシュロタワシで洗うと、すり目まできれいに洗える。

4 布巾で水気をしっかり拭き取る。

使う道具	スポンジ、シュロタワシ
洗剤	中性洗剤
乾かし方	布巾でしっかり拭く
しまい方	乾くまでしまわない

🔲 粉引の注意点

粉引のうつわは吸湿性が高いので使う前に濡らしておくと、食材の水分が染みにくくシミにもなりにくい。

🔲 おろしがねやすり鉢の注意点

繊維がからみつきやすいものは、専用の道具を使うと良い。

おろしがねにからまった繊維を取る、専用の竹製スクレーパー。

使っていない茶筅があれば、先を切って、オリジナルスクレーパーを作っても良い。

磁器、炻器

どちらも「水を通さない」が手入れの仕方は異なります。

石ものともいわれる磁器。
陶器の仲間で常滑焼や備前焼を代表とする炻器。
磁器には釉薬が掛かっており、炻器は無釉ですが、どちらも水を通しません。
共通点はありながら、素材や製法が異なるため、
お手入れや得意分野に違いが出てきます。

吸水性のない磁器と炻器

うつわといえば、陶磁器を思い起こす人も多いでしょう。素材は様々ですが、土はもっとも人に近い素材ではないでしょうか。土を選び、形を作り、釉薬を掛け、窯に入れ、高温を維持して焼成する。手間がかかる仕事ですが、多くの窯元、作り手が焼きものを作っています。日本各地に特有の焼きものがありますが、宅配便で材料が全国どこへでも送れ、個人作家も多い世の中。「何焼」と区別できないボーダーレスな時代でもあります。と思いきや、実は地元の土を大切にしている作り手も多い。陶磁器は素材として、その土地の材料を使って活かせる数少ない工芸です。

磁器は1616年に朝鮮半島から日本に連れてこられた陶工、李参平が佐賀県の有田・泉山で良質な陶石を発見し、日本で初めて作ったという話は有名です。これが有田焼になります。磁器の原料の陶石の一番の産地は熊本の天草です。九谷焼の九谷も、愛媛県の砥部焼の地も陶石が採れます。

陶器は全国に色々あります。大半は釉薬を掛けて仕上げますが、陶器の仲間の炻器の産地である岡山県の備前焼や愛知県の常滑焼、三重県の萬古焼は釉薬が掛かっていません。これは焼き締まる土だから。備前焼はすり鉢、壺、大がめが当初の生産物だったようですが、焼き締まっているが適度に粘りがあるのですり力を受け止め、特にすり鉢はすり目が潰れにくいのです。釉薬を掛けていないのでかめに入れた水は直に土に触れますが、備前の水がめに入れておくと水が腐らないと評判でした。備前焼には微細な気孔と若干の通気性があるため、長時間生きた水の状態が保たれるということです。一方、焼き締め無釉の急須でお茶を淹れると、お茶の成分のタンニンは水の中の鉄分と反応し、共に急須に付着して渋みを和らげる効果があるそうです。吸水性はないけれど、呼吸している土。それが炻器です。

吸水性がなくても汚れはつくもの

磁器は吸水性がないので、きっちり洗えることが利点のひとつです。

「すっかりきれいになるから磁器が好き」と言う友人がいます（陶器の貫入なんてもってのほか、と言います）。そんな磁器でも茶渋はつきます。お茶に入っているタンニン（カテキンやポリフェノール）がタンパク質や水中の金属イオンと結合して色素沈着してしまうからです。うっかり放っておくとスポンジでも取れなくなる場合もあります。昔は塩で磨いて落としていました。今は重曹などアルカリ系の洗剤を使って落としてください。ただし、あまり強く研磨すると、磁器のガラス質が傷つき、汚れがつきやすくなりますから、水に分解される酸素系漂白剤などにつけ込む方が傷つけずに済みます。

炻器は炻器でまとめて

炻器は土そのものなので、うつわの場合は肌がゴツゴツしているものが多いです。洗うのもしまうのも、炻器でまとめましょう。

やってはいけないこと

落下

※電子レンジと食洗機は商品の使用法に準じること

基本の手入れ
炻器の場合

釉薬なしで焼き締まる炻器。土味が料理を引き立てます。重々しいですが、あまり気を遣わずに使えます。使い込んでいくと、ジワリと深みが出てきます。

1 サッと水で流す

2 シュロタワシかスポンジで洗剤は使わずに水だけで洗う。油分が気になる時は中性洗剤を使っても良い。

3 布巾で水気をしっかり拭き取る。

4 触って湿気がある場合は、すぐにしまわず、水切りかごなどに置いて完全に乾かす。

※使う時の注意点
吸水性はないが釉薬がかかっていないので、料理を盛る前に濡らした方が良い。

使う道具	シュロタワシ
洗剤	使わない、または中性洗剤
乾かし方	布巾でしっかり拭く
しまい方	乾くまでしまわない

回 炻器の急須の注意点

お茶のおいしい成分が急須に染み込んでいるので、急須を洗う時は洗剤を使わずに水ですすぐだけにする。

column

磁器と陶器の見分け方

磁器を指で弾くと、キンと高い音がする。もしヒビが入っていたら、低めの音になる。

陶器を指で弾くと、低めの音がする。もしヒビが入っていたら、違和感のある鈍い音になる。

土鍋

> 手入れのコツは目止めをして
> ふたつの禁止事項を守ること。

土鍋は冬のもの。そんなふうに思っている方も多いでしょうが、
一年中使って欲しいほど、調理の力強い味方。
蓄熱やじっくり芯まで温める熱伝導の高さは、
冬の鍋物に限らず、一年中活躍します。
金属とは違う温まり方を実感したら、手放せなくなること間違いありません。

2タイプの土鍋

1章に土鍋の選び方として2タイプを挙げましたが、どちらも火にかけるものです。物質は熱によって膨張します。かつての薪や炭火で煮炊きしていた時代では、全国の焼きものの産地で鍋や土瓶が作られていましたが、今のガスのカロリーに耐えられる土は少なくなっています。三重県の伊賀土はガスによる膨張にも耐えられる貴重な土。伊賀土は土の中の有機物が燃えて細かな気孔（穴）ができるため割れないとか。そして使用前には、その気孔に米、小麦、片栗粉などを煮立たせて目止めするのです。

禁止事項はふたつ。底が濡れた状態では使わないことと急冷です。熱が冷めないうちに水を入れて急冷すると、温度差で割れてしまうから。昔は多少の割れならば、針金を巻いて締めて使い続けたそうです。慣れれば無意識にこのふたつを避けるのですが（鋼の包丁も慣れれば無意識に拭くクセが、鉄瓶は中が濡れていないことを確認する癖がつくのと同じ）、やはり面倒と考える人は多いようです。

同じ三重県の四日市周辺も窯業の産地です。こちらは伊賀とは違い、消費地に近く、工場も規模が大きいのが特徴。1960年頃、四日市のメーカーがガラス原料であったペタライトという鉱物を土に混ぜたところ、飛躍的に耐火度が増すことを発見。「低膨張性耐火陶土」ができあがりました。目止めは促していますが、低膨張なので以前より急冷などに強くなり、割れにくくなり、全国シェア8割を占めるようになりました。

しかしこのリチウムを含むペタライトはジンバブエからの輸入品。このリチウムを狙う海外企業によって買い占められ、2024年に一気に値上がりしました。最近は個人作家もこのペタライトを使って土鍋や土瓶を作っていたため大打撃となりましたが、価値は上がりつつも無事に入るようになり落ち着きを呈してきました。業界としては、今まで40％入れていたペタライトの比率を下げ、できるだけ値段を抑える努力をしています。これからも土鍋が使えるのはありがたいことです。

おいしくなるには時間がかかる

昨今はカセットコンロを使ってテーブルの上で鍋を囲むイメージですが、土鍋はもともと煮込みのためのもの。とにかく土鍋で煮込むと料理がおいしくなります。四日市の組合の調査では、遠赤外線が金属の鍋より3〜4倍放出されるとの結果が出ています。遠赤外線が食べ物に当たると効率よく温められておいしくなります。実は鍋の中の温度が上がるまでは時間がかかります。まだかまだかと待っているうちにグツグツといい出す。そうすると火力を落としてもずっとグツグツが続きます。この蓄熱性も土鍋の利点。いわゆる鍋物だけでなく、ぜひ煮物もお試しください。

やってはいけないこと

電子レンジ　食洗機　落下　急冷　底が濡れた状態で火にかける

基本の手入れ

目止めは土鍋の使い始めの儀式。ドキドキしますがこれがないと始まりません。守ることは「底を濡らした状態で火にかけない」「熱があるうちは洗わない」です。

1 触れるくらいに冷めたら洗い始める。油分はキッチンペーパーなどでひと拭きする。

2 シュロタワシで洗剤は使わずに水だけか、気になる時は中性洗剤をつけて洗う。

3 ふたの縁もしっかり洗い流す。

4 布巾で水気をしっかり拭き取る。

5 縁もしっかりと拭く。

6 すぐにしまわず、水切りかごなどに置いて完全に乾かす。底を手で触り、乾いているかチェック。

※使う時の注意点
- 初めて使う時は、必ず弱火〜中火にかけて目止め（P149〜151）を行うこと。
- 底が濡れた状態では使わない。

使う道具	シュロタワシ
洗剤	使わない、または中性洗剤
乾かし方	布巾でしっかり拭く
しまい方	乾くまでしまわない

回 初めて使う時及び水漏れした時の対処法

用意するもの

目止めの方法はP150〜151に掲載。

ご飯、小麦粉または片栗粉
片栗粉は焦げやすいのでよくかき混ぜて、目を離さないように。

このくらいヒビが入っていても、伊賀土の土鍋は大丈夫。このヒビで熱膨張を逃している。伊賀土の土鍋を使い始める際、毎回「今回こそはヒビを入れないぞ」と、極弱火で煮込むが絶対にヒビは入る。このヒビのおかげで割れないのだ。とはいえ、最初は強火は避け、弱火〜中火で使うように。ベタライト入りの土鍋は、あまりヒビが入らない。

回 ご飯で目止めする場合

1 土鍋の底がかぶる程度のご飯を入れ、水を張る。

2 弱火で30分ほど煮る。しっかり冷めたらご飯を捨てて水洗いする。

回 小麦粉や片栗粉で目止めする場合

1 土鍋に適量の水を張り、小麦粉または片栗粉を大さじ2杯ほど入れる

2 弱火で30分ほど煮る。焦げつきやすいので、かき混ぜながら目を離さないこと。しっかり冷めたら液体を捨てて水洗いする。

竹の道具

生活雑器であった竹ざるも今は工芸品。
だからこそ丁寧に使いたい。

成長が早く、頑丈な繊維をうちに秘め、柔軟性と強度、
そして水に強いエナメル質の皮を保つ。それが竹。
残念なのは量産がきかないこと。
かつては各地で作られていた日常必需品も今は希少品になりつつあります。
だからこそ、しっかりお手入れしたい素材です。

生活道具の優秀な材料

竹は日本のあらゆるところに見られます。成長が早く、繊維質と柔軟性を利用し、弓に使われたり、昔は高跳びの棒であったり、物干し竿、竹垣などにも。軽さと柔軟性、そしてエナメル質の皮の丈夫さを利用し、多くのかごが各地で作られていました。海ではびく、山では背負いかご、箕、梅干しを干すための大きなざるに、味噌漉し。台所用に茶碗かごも作られていましたし、網目の通気性を利用して、飯びつや中華せいろのふたも竹を利用しています。

竹かごで使われる主だった竹は、真竹（油を抜いてから作業をする白竹と、青いまま作業する青竹に分かれる）、笹に近い根曲竹、スズ竹に大きく分けられます。竹箸や竹のスプーンは、筍としておいしい孟宗竹から作られています。孟宗竹は身が厚いのでスプーンなどが作りやすいのです。

たくましいゆえの悩み

ざるを作るには竹を採り（白竹は油抜きの作業も必要）、割り、ひごを作り、編む。一部工程はアナログな機械がありますが、ほぼ手作りです。それが安値で流通していたのは、農閑期の片手間仕事であったり、問屋が安値で買い叩いたりした結果で、本当の手間賃を考えるとざる一枚、1万円でもおかしくない。となると日々の洗い物に使えるかという問題が生じます。ただ、1万円クラスになると「日常の雑器」の荒々しさはなく、反対にざっくりとしたつくりものは、「農閑期の仕事」の気軽さがあります。いずれも今は昔になりつつあります。

生命力が強い地下茎の竹はどんどん育ちますが、手入れをしないと美しい竹は採れません。今、竹を採る人が減っており、産地の悩みとなっています。「良い刈り子さんは、山から下ろすとき傷つかないように毛布に包んで降ろしてくれた」と、ある作り手から聞きましたが、そんな丁寧に採っても大した収益にはならない。仕方なく作り手自身が採りに行くことも増えたようですが、専業とは違い、時間がかかる。採りに行く時間は編むことはできない。結果、ものが高くなるというのが現状のようです。現在、もの作りの世界では縁の下の力持ちがどんどん減っています。

月の満ち欠けと虫の話

大地から水分をたっぷり吸い上げてすくすく伸びる竹。その勢いが止まる秋口から冬にかけてが竹を採る時期です。人によっては月の満ち欠けや陰陽五行にしたがって、竹を採る日を決めている（避けている）と聞きます。

随分慎重と思いましたが、この日を避けると、虫がつかないなどの理由があるそうです。

竹につく虫は非常に強く、熱湯で茹でても死なないこともあります。竹かごから粉が落ちていたらそれは虫がいる証拠です。ある時、竹でできたおろしがねからこの粉が落ちてきました。虫が見えるわけではないのでそのまま使っていました。その後、なんと隣に並べておいたそれまで何の不具合もなかった竹の味噌漉しから粉が落ちてきました。どうやらおろしがねのおいしいところを食べ尽くした虫が、味噌漉しに移ったようです。その嗅覚の鋭さに半ば呆れました。結果的に針穴程度の穴がポツポツ開いたおろしがねと味噌漉しを今も使っています。

やってはいけないこと

基本の手入れ
竹のざるの場合

竹は水に強い素材ですが、濡らしっぱなしは御法度。使う時は濡らしても、使わない時はしっかり乾かす。緩急をつけて使いましょう。

1 シュロタワシで洗剤は使わずに水だけで洗う。

5 すぐにしまわず、水切りかごなどに置いて完全に乾かす。湿気が残ったまましまうとカビの原因になる。

2 蕎麦などが詰まったら楊枝で取り除く。

3 網目に水が溜まるので、しっかり振って水気を飛ばす。

4 布巾で水気をしっかり拭き取る。

使う道具	シュロタワシ
洗剤	使わない
乾かし方	布巾でしっかり拭く
しまい方	風通しの良いところ

回 乾かし方の注意点

竹箸を含め、箸は網状の場所で横にして乾かした方がカラッと乾く。

筒状のものに入れると（写真左）、中に湿気がこもってカビたり、汚れが溜まって傷む（写真右）。

ガラス

| 手間要らずと思いきや、
| 地道な手間が美しさの秘訣です。

ガラスという素材は、落とせば割れはするけれど、
汚れがつきにくい手間要らずの素材。
拭き方、置き方、手入れの仕方で輝きはもっと増し、
おいしさを引き立たせるのです。

ガラスはひと括りにはできない

　ガラスの組成の基本は
- 珪砂　シリカ（二酸化珪素・陶磁器の成分でもある「石英」は二酸化珪素が結晶化したもの・珪酸100％は水晶）
- ソーダ（酸化ナトリウム）
- 石灰（酸化カルシウム）

の3要素で、一般的なガラスは「ソーダガラス」です。

　クリスタルガラスは酸化鉛を24％以上入れたものを言いますが、一般社団法人日本硝子製品工業会では、「ソーダの代わりに酸化カリウム、酸化バリウム、酸化チタニウムなどを合計10％以上含むガラスをカリクリスタル、バリウムクリスタル、チタンクリスタルなど」と定義付けています。鉛害が問題になり、鉛クリスタルの製造が難しい今、これらの素材によって、クリスタルに近い輝きのあるガラスが生まれています。

　理化学ガラスなどの耐熱ガラスはホウケイ酸（ホウ酸 H_3BO_3 ／ケイ酸 SiO_2）ガラスと呼ばれ、このホウ酸が入ることで熱膨張に強くなります。通常のコップを製造するガラス工場のガラスの溶解温度が1300～1350℃に対し、耐熱ガラスは1600℃と高いことや、固まるのが早いなど、一般のコップを作るガラス工場とは違うところも多いです。

　「強化ガラス」というものがあります。物埋強化はガラスを変形しない範囲で軟化する程度の温度まで加熱した後、急激に冷却し、表面に圧縮応力層を、内部に引張応力層を形成させる方法と、カリウムイオンの入った水溶液にグラスを接触させて熱を加えることによって、ガラス表面のナトリウムイオンをカリウムイオンに置換してガラス表面に圧縮応力層を形成させるイオン強化という方法があります。全面積層強化は熱膨張率の異なる2種類のガラスを3層にサンドイッチすることにより、表面層の透明ガラスに生じる圧縮応力（縮もうとする力）が引張応力（ガラスが割れる原因となる力）を打ち消し、割れにくい状態にする強化方法があります（一般社団法人日本硝子製品工業会）。強化ガラスの製造をやめた知り合いのメーカーにわけを聞いたところ、「だって、割れないと売れないじゃない」と冗談を言っていましたが、実際はガラスである以上、割れることは宿命。強化ガラスが割れるときは、通常の割れ方よりも細かな破片になるため、危険であることが本当の理由のようでした。

ガラスはリサイクルできるけれど

　ガラスはリサイクルできると言いますが、組成が違うガラスが混ざるとのちのち不具合を生じるので、再溶解時は同じ質のものしか混ぜてはいけません。蛍光灯を作っている会社は数社しかないので、分別が楽です。ガラス瓶もメーカーごとにその社のマークが型押しされているので分別できます。ただしこれは国内メーカーの話。輸入の瓶は数限りなくあって分別できないため、ガラスにはならず、アスファルトに混ぜたりする材料になるのです。

やってはいけないこと

電子レンジ

食洗機

落下

金属タワシ

基本の手入れ
ワイングラスの場合

ガラスはガラスだけで落ち着いて洗ってください。傷つきやすいので他の素材と一緒には洗わないようにしましょう。

1 サッと水で流す。

2 柔らかめのスポンジに中性洗剤をつけ、上部から洗う。

3 台、続いて脚の部分をやさしく洗う。

4 水ですすいで洗い流す。ぬるま湯を使うと水切れが良いので水垢が残りにくい。

5 グラスに指紋をつけないように布巾をグラスにあて、上部から拭く。

6 台の部分を両手で持って落とさないように気をつけながら、台と脚を拭く。体に近づけて拭くこと。

※使う時の注意点
洗った後は洗いかごに放置せず、すぐに拭くと水垢がつきにくい。

使う道具	スポンジ（柔らかいタイプ）
洗剤	中性洗剤
乾かし方	布巾でしっかり拭く
しまい方	重ねるときは紙などを挟む

取り扱いの注意点

ワイングラスは横にして土台を持ってねじるようにして拭くと、ねじった力で脚の部分が折れることも。拭く時は必ず脚の上部をしっかり持つこと。

大体のグラスは大丈夫だが、たまに紫外線で変色する鉱物が入っている場合もある。日光の当たる場所に置いて変色してきたら、紫外線のせい。紫外線の当たらないところにしまうこと。

トラブルシューティング

黄ばんだ場合

作り手にすら「こんな黄色くなったことはない」と、驚かれてしまった筆者のグラス。このグラスでアイスミルクティーを愛飲していた。ガラスにはアルカリ成分が入っており、時間が経つとアルカリが浮き出てくる。その成分とタンパク質が反応したのではないかと想像している。普通の洗剤ではどうしようもなかったので、酸素系漂白剤を使ったところ、元のクリアな状態に戻った。

3章

お手入れ道具の特性と選び方

道具を使うことは、洗うという作業とセットになっています。
2章のお手入れをさらに深く理解するために、
洗浄するための色々な道具の特性や、世の中の決まりごとなどを知ることは、
必然的に「良い手入れ」につながります。

味が出る話

無菌状態を保ち、触らない限り「変化」から逃れることはできません。使ったり洗ったりするたびに必ず摩擦は起きます。摩擦による変化を楽しみましょう。

・漆
・木
・ガラス

この3点はどれも、布で「拭き込む」ことで、輝きを増します。

マットな漆が艶やかになっていく

漆という素材を何層も重ねて塗り上げた漆器は、手で洗い（この洗う時も摩擦が生じています）、手で拭きあげる。この繰り返しによって見事に育っていきます。忙しすぎる時、一人暮らしの気楽さもあり、外食やお惣菜を買って済ませる日が続くこともあります。そんな時は新しい漆器を使い始めます。使い始めはマットな質感の漆が艶やかになるのが楽しみで、ちゃんと料理を作ろうという気になるのです。漆は食べる時には料理を映えさせ、洗ったり拭いたりする時の触感でさらに楽しめる素材です。実は、漆を塗っている職人さんに聞くと、「塗っている時も気持ち良い」そうです。刷毛で塗るわけですが、毎日、反復の作業でも、とにかく気持ち良い、とこちらが羨ましくなるような表情で教えてくれます。

肝心の艶の出るタイミングは、使って1カ月ぐらいからなんとなく変わってくる気がします。

木の表面はやすりをかける

木の表面に関しては、スプーンを拭き込むことをお勧めします。舌は滑らかさを敏感に感じます。長野の木工作家の鈴木努さんのスプーンを触った時、手に吸い付くような質感でびっくりしたところ、「800番のやすりで磨いた後、水に潜らせ寝ている木のケバを立たせ、乾いたら1000番で磨き、その後また水に潜らせる。最後は1200番で磨いて、オイルで仕上げるんです」と、教えてくれました。

なんと素晴らしい「手間」でしょう。鈴木さんが選んでいる樹種は「散孔材*」という、木目の詰まった材を選んでいることもあるのですが、この徹底した磨き。使う自分も継続せねばと思います。実際、鈴木さんは「布で良いので、いつでも磨いてください。艶が続きますから」と教えてくれました。P180のお盆や茶托も同じです。骨董屋で拭き込んだお盆などは、自分が1年や2年使っても出ない深い色艶で、使い続けた方に感謝したくなります。

磨くことで味まで変わるグラス

「磨く」ことで飲み物の味が変わってくるのがガラス製のグラス。ある居酒屋で、普通に市販されているビールなのに味が違うので、注ぎ方でこんなに違うのか？ と訊ねたところ「徹底的にグラスを磨いている」という返事が返ってきました。そういえば、おいしいワインを飲ませてくれるあの店も、店主はいつもグラスを磨いていました。ガラスにはアルカリ分（ナトリウムやカリ）が入っており、それがガラスの表

面に出てきます。曇っているガラスを見たことがある人もいると思います。これは埃の場合もありますが、長くしまい込んだ箱の中から出したグラスが曇っている場合は、おそらくアルカリが溶出しています。デッドストックのグラスなどは洗っても洗っても曇りが取れないことがあり、その場合はお酢など酸性のもので磨けば取れるはずです。いずれにせよ、ガラスのプロは「ガラス食器は使う前に洗うこと」と言います。

「育てる」感覚の素材

先の漆やオイル仕上げの木の器も「育てる」感覚ですが、他にも、育てるのが楽しくなる素材はあります。

代表格は「粉引のうつわ」でしょうか。ひとことで粉引と言っても、使っている土、焼成の仕方などでも違いますが、うまい具合に貫入が入ると本当に嬉しいものです。新しいうつわを使い始める時はいつも、きれいに入るかどうかドキドキします。毎回、水に晒してから使い続けた方がきれいに「育つ」と思います。友人のギャラリーで粉引のうつわを購入し、愛用していました。その友人が拙宅に遊びに来た時に、その器を見せたところ、「どうしたらこんなふうな育ち方をするの?」と羨ましがられ、思わずほくそ笑んでしまいました。

漆と同じような艶光りをするのは、炻器の急須です。何気なく使っていたのですが、ふたを割ってしまい、同じものを使おうと新品を出したところ、今まで使っていた急須がどれだけ艶やかになっていたかわかり驚きました。艶やかになったということは、お茶もおいしく淹れられるように育っているということ。気を取り直し、ふたは金継ぎして使い続けることを決心しました。

最後にご紹介したいのは「フライパン」で

す。フライパンは油馴染みがとても良い素材です。しつこく「洗剤は使わないで」と記しましたが、せっかく馴染んだ油を洗剤で取ってしまうのが本当にもったいないのです。タワシで洗えば油をほどほどに残した状態になります。この状態ならば、多少水分が残っていても錆は出ません。次使う時に焦げも少ないです。たまに人に道具を貸し出すのですが、うっかり「洗剤は使わないように」と伝えずにフライパンを貸したところ、戻ってきたフライパンはカサカサに……。私が伝えなかったことが間違いだったので責められないのですが、まったく別の顔になって返ってきてびっくりしました。

「道具は使い方で顔ができる」と再確認した出来事でした。

*広葉樹には「環孔材」「散孔材」「放射孔材」などの道管分布がある。環孔材は直径の大きな道管と小さな道管が並ぶことで、木目がはっきりしている(ケヤキやナラなど)。散孔材は道管がほぼ平等に分布しており、発光するような表情を見せるものもある(サクラ、トチ、カエデなど)。放射孔材は道管が放射状に並んでいる(カシなど)。

汚れの話

「使い込む」と「汚れ」は別もの

「使い込む」話をしましたが、とはいえ「汚れ」はそのままにはしたくないもの。ここで汚れをいくつかの着眼点で見てみましょう。ただ、一度使い始めたものは変化していくので、「ゼロに戻る」ことはないと考えてください。前のページの「使い込む」ことで起きる変化は、汚れとは切り離して考えましょう。ただし、人の解釈はそれぞれなので、筆者が良しとしたフライパンの油馴染みや、うつわの貫入を受け入れられない方もいるかもしれません。

「使い込む」笑い話として、漆の話を書き添えます。

「漆を使い込んで艶々になった状態が良い」と、自説を岩手の漆工房で力説していたところ、産地の塗りの先生がひとこと、「俺は艶が出てきた瞬間に塗り直したくなる」と呟きました。この言葉には呆気に取られましたが、漆工房の作り手が「塗る瞬間が好き」と言った通り、漆を塗る側にとっては、「仕上がりが最高に美しい」ようです。大抵の作り手は、できあがった後の使い込みも好むようですが、内心、先生と同じように「塗りあがった瞬間が一番きれい」と思っているかもしれません。

汚れたものと汚れの原因

汚れを考えるとき、「素材の性質」と、「汚れの性質」を見極める必要があります。

ポイント1　素材の性質を知っておく

本書で取り上げたもの

・木
・漆
・金属
・陶磁器
・ガラス（琺瑯含む）

ポイント2
素材の汚れを防いでいるものの性質を知る

塗料
・オイル
・ウレタン
・ガラス塗料
・漆

釉薬

被膜

鉄の酸化皮膜

鉄瓶の加工法で、釜焼きと呼ばれる再加熱の工程があります。再加熱により、黒錆と呼ばれる酸化被膜ができ、赤錆を防ぐ効果があります。鋼の包丁の黒い部分もこの酸化被膜です。

アルミの酸化皮膜

アルミは大気中の酸素と結合して酸化皮膜を作りますが、この皮膜は崩れやすく、腐食すると水酸化物として白錆が出ることもあります。電解処理で強力な酸化被膜をつけたものが「アルマイト加工」です。

ステンレスの不動態皮膜

ステンレスは鉄にクロームとニッケルが入った

ものですが、クロームが空気中の酸素に反応してできた皮膜。この被膜のおかげで錆びにくいのです。

ポイント3　汚れ方を知っておく
・浸透
・化学反応
・付着

浸透
塗装をしていないものは液体が素材に浸透して、汚れるものもあります。浸透したものを取り除くことは難しいです。漂白剤は取り除くためにありますが、白くなっても漂白剤が入り込むのでお勧めしません。
・無塗装の木、竹
・陶器（釉薬がかかっていても浸透しやすいもの）
汚れ方
・色が染み込む
・カビの発生

　元に戻らない汚れを防ぐために、塗装をしたり、本書に書かれているようなお手入れをします。

　実は、使わずにしまい込んでいると、漆にもカビは生えます。それは、触った場所にカビの栄養分となるものが残ったからです。漆は抗菌力もある塗装なので、カビは拭けば取れますが、跡が残ることもあります。その場合は、使い続けると、摩耗で馴染んで気にならなくなります。

　良い浸透として
・鉄に油
・木に油
があります。

　適度に鉄に油が染み込むと塗装の代わりに錆止めになります。オイル仕上げの木のうつわも同じです。

化学反応
・金属の錆
・銀の硫化（P114）
・アルミとアルカリ（P118）
・スギとアルカリ（P180）
・漆と紫外線、熱湯（P91）

　錆（酸化）や硫化は素材をそれ以上、侵食しないように除去します。

　アルミは酸性、アルカリ性、両方に反応する両性金属のため、酸にもアルカリにも反応します。水に含まれるミネラルにも反応、水酸化アルミとなった部分が白錆となり、さらに黒くなることもあります。この黒変化を個性とみなし、仲良くするのが得策です。

付着（拭いさって取れるもの）
・日常の食べ物（油、タンパク質、炭水化物その他）
・焦げ（タンパク質など有機物の炭化）
・茶渋
・カルキなどのミネラル
・ガラスの曇り（アルカリ分の溶出）
これらを取り除く手段として、P171〜173に様々な洗剤を紹介しています。

界面活性剤の話

そもそも、どうして石鹸で汚れが落ちるのでしょう。この話の前に「界面活性剤」の話をしなければなりません。

界面活性剤の働き

なんとなく「悪者扱い」の界面活性剤ですが、言葉の中に「界面」とあります。界（さかい）の面です。固体と固体、固体と液体、液体と液体。これらの物質同士の境の面が「界面」です（気体と固体の場合は「表面」、気体と液体の場合は「水面」、気体と気体は混ざり合うので境はない）。

一方、液体には「表面張力」という性質があります。葉っぱの上の水がコロンと丸かったり、コップに満ちた水の水面がふっくら盛り上がるように、水分子同士が引っ張り合い、「面積をできるだけ小さくする」性質です。膨らんでいるので、大きくしているようですが、引っ張り合うことで小さくまとまっているのです。引っ張りがなければ、そのまま垂れてしまいますから。

話が逸れますが、表面張力は醬油差しやキッチンボウルの「液ダレ」もに関わっています。面の角度や素材、液体の種類同士の引っ張る力で、その液ダレは違ってきます。「液ダレしない」と謳っている醬油差しでも、ラー油を入れると大抵のものは液ダレしてしまいます。これは醬油と油の引っ張る力の違いからです。油の表面張力は水に比べて小さいのです。

水と油が混じり合わないのは、水分子同士の引っ張り合いが、油との界面部分の引っ張り合いより強いため。この混じり合わない水と油の界面の状態を交わらせる（界面の力関係を変える）働きをするのが「界面活性剤」です。

親油基と親水基

「界面活性剤」は、ひとつの分子の中に油と親密な「親油基」（または疎水基とも言います）と言う部分と、水と親密で油とは交わらない「親水基」がくっついた状態です。この組み合わせ方で、ものすごくたくさんの界面活性剤が存在するのです。

以下、化学に苦手意識のある方には面倒かもしれませんが、知っていると「成分表示」を読み解くヒント（P170〜）になると思いますので、参考にしてください。

大きく分けると
・イオン系
・非イオン系

イオン系は水に溶かした場合、電離してイオンを発生させます。イオンとは電荷を持ったもの。原子が電子を失うと陰イオン、電子を受け取ると陽イオン。非イオン系は電離しません。

イオン系はさらに3つに分かれます。

陰イオン系活性剤（アニオン系）

水に溶かして、陰イオン（アニオンと言う）に帯電している側が界面を活性させるもの。一般的な石鹸で、それ以外に乳化剤や潤滑剤、気泡剤などにも使われるものです。

陽イオン系活性剤（カチオン系）

水に溶かして、陽イオン（カチオンと言う）に帯電している側が界面を活性させるもの。「逆性石鹸」と言う言葉を聞かれた方もいるでしょうが、それがこちら。洗浄作用はなく、リンスや柔軟剤に使われます。

両性イオン系活性剤

その名の通り、両方のイオンが働くもので、アルカリ側で陰イオンが働き、酸性側で陽イオンが働きます。殺菌力、乳化性、潤滑性などがあり、他の活性剤とも併用できますが高価。

非イオン系活性剤（ノニオン系）

水に入れても帯電せず、イオンを発生させません。どのイオン系とも併用できます。

日本界面活性剤工業会によりますと、界面活性剤の働きは
・混ざり合わないものを混ぜる（乳化・分散）
・濡れやすく、染み込みやすくする（潤滑・浸透）
・泡を立てたり、消したりする（起泡、消泡）
・汚れを落とす（洗浄）
・柔らかくしたり、滑りを良くする（柔軟・平滑）
・静電気を防ぐ（帯電防止）
・錆を止める（防錆）
・染めむらをなくしたり、色落ちを防ぐ（均染、固着）
・菌を殺す（殺菌）
など、実に働き者です。

界面活性剤は悪者!?

では、なぜ界面活性剤の洗剤は悪者なのでしょうか。

界面活性剤が排水とともに流れた後、微生物によって分解され、最終的には炭酸ガスと水に分解（生分解）されますが、その処理能力の問題です。

1960年代の公害問題の発端となったのは生分解性のない「分岐型」のアルキルベンゼンスルホン酸ナトリウム（ABS洗剤）で、廃液の泡が消えない「泡公害」となりました。その後、生分解性のある「直鎖型」のアルキルベンゼンスルホン酸ナトリウム（LAS洗剤）が開発されました。この公害問題の頃は洗剤に植物の三大栄養素（窒素、リン、カリウム）のひとつである「リン」が入っていました。このリンが水中に流れ、栄養過多になった水中のプランクトンや藻が大繁殖。さらにプランクトンや藻といった有機物が死んだ時、バクテリアが水中の酸素を消費するため、同じ水中にいる魚の酸素まで奪う、という事態に発展して大問題になりました。その結果、「無リン」の洗剤が開発されました。

今も常に「界面活性剤と環境」の問題は議論されていますが、まずは界面活性剤が「交わらないはずの水と油を混ぜる作用」を持つことを頭に入れておくと、見え方が違ってくるでしょう。

実は環境に配慮した洗剤にも界面活性剤が入っています。その話は次のページで。

本書は「台所道具の手入れ」の本ですが、住まう中での界面活性剤使用の注意点をひとつ。

ウレタン塗装をした家具のお手入れに界面活性剤が入った洗剤を原液で使うと、塗装を軟化させる可能性がありますのでご注意を。

石鹼

始まりは羊を焼いた油と灰

　洗浄という行為は人類の長いの歴史の中でも、文化的かつ革命的なことではないでしょうか。単純に水で洗い清めることと、洗剤を使うことでは大きな差があります。

　紀元前3000年のシュメールの記録として、「神へのいけにえとして羊を焼いた油と灰」が不思議な洗浄力を持ったことが最初のようです。

　紀元23〜79年にヨーロッパに生きたプリニーという人は「石鹼は油脂、木灰及び石灰で作られる。中でもヤギの脂肪とブナの木の灰で作ったものが品質が良く、またこれに食塩を添加することによってやや硬い石鹼が得られ、ガリヤ人およびゲルマン人がこれを頭髪用油に用いた」と記しているそうです。9世紀にはフランスのマルセイユは植物油と海藻の灰を原料とする石鹼の産地として名を轟かせ、今に続いていると言います。

　日本では、サイカチのサヤ、ムクロジの果皮、灰汁などの自然物を利用して洗濯をしていました。ちなみに、サイカチ、ムクロジには「サポニン」が入っていますが、サポニンは「天然の界面活性剤」の働きをします。

　石鹼は16世紀にポルトガルやスペインから「シャボン」という名で輸入されていたようです。日本では1873年に横浜に日本初の国産石鹼の製造所ができました。

　石鹼の原料は油です。植物系では、ヤシ油、パーム油、米ぬか油、オリーブ油、なたね油など。動物系では、牛脂、豚脂、鯨油などですが、第一次世界大戦中、こういった天然資源の原料不足（石鹼にまわすより食料にまわしたいという思い）から、ドイツで石炭を利用した「洗剤」の開発が始まり、第二次世界大戦後はアメリカで石油を使った洗剤の研究が進みました。日本もそれに続きましたが、前のページで書いたように大きな公害問題になったのです。

石鹼も界面活性剤!?

　さらっと「石鹼」から「洗剤」への流れを書きました。前のページで界面活性剤の話をしましたが、「石鹼の働きも界面活性剤の働きなのでは？」と、思われたかもしれません。まさに石鹼は界面活性剤の一種です。ですが、歴史ある石鹼は石鹼としての確固たる立場があるのです。

　石鹼は脂肪酸または脂肪酸混合物（上記の植物や動物の油脂から得られたもの）とアルカリ金属（苛性ソーダなど）を加えて撹拌。「ケン化反応」が起きて、脂肪酸のナトリウム塩とグリセリンが生じ、ここに塩を加えて分離させると生まれます。「ケン化反応」のケンは石鹼の鹼です。この鹼の意味は「灰汁やアルカリ」を意味するそうです。

　なお、石鹼は硬水（カルシウムやマグネシウムなどのミネラルが多い）で使うと、水に溶けない"金属石鹼"となり、石鹼カスになってしまいます。

　一方、（合成）洗剤というのは、いわゆる中性洗剤です。石鹼は水に溶かすと弱アルカリ性を示します。開発された当初、合成洗剤に使われる合成界面活性剤が中性だったので、

中性洗剤と呼ばれていましたが、今はアルカリ性助剤を加えた洗剤も多いので、中性かどうかは成分表示を見て確認してください。

洗剤は「陰イオン側」(P166)で活性するものが主力です。さらに「高級アルコール系」と「石油系」に分けられます。

ある環境に配慮した洗剤の成分表示に界面活性剤が入っていて「環境に配慮しているのに」と頭でっかちに疑問を抱いたことがあります。界面活性剤の働きを知れば、界面活性剤＝悪者ではないことがわかってきました。その表示をよくよくみると「高級アルコール系（非イオン）」と、書かれていました。この「高級」は化学の世界では「炭化水素鎖の炭素が多いもの」で、界面活性剤の中では炭素が8個以上のものを言います。高級アルコール系の洗剤は、石鹸が苦手な硬水や酸性でも安定しています。廃液の生分解性も良いそうです。

洗剤には「石油系」から作られたものもあります。家庭用洗剤の多くはこの石油系です。洗浄力はありますが、残念ながら生分解性は遅いということです。

非イオン系（P166）のものもあります。泡立ちは少ないですが、洗浄力はあります。中には乳化剤の食品添加物として認可されているものもあります。生分解性は種類によって違うので、気になる方はぞれぞれ調べてください。

お手元に、「石鹸」と「中性洗剤」がありましたら、ぜひ、成分表示をご覧ください。

石鹸には「純石鹸分：脂肪酸ナトリウム」や「石けん素地」と書かれているはずです。石けんが見直されているのは、シンプルな成分と作り方（簡単に作れるわけではなく、長い経験値も必要ですが）、生分解性に優れている点などからです。

中性洗剤には「洗濯用合成洗剤」や「台所用合成洗剤」と書かれています。

このように消費者庁の家庭用品品質表示法では、「石鹸」と「洗剤」は、別のものとして記載が義務づけられています。

石鹸と中性洗剤の見分け方

堅い話が続いたので、最後に「子供の科学実験」的な話をひとつ。

石鹸と中性洗剤は水に溶かすと、どっちがどっちかわかりません。しかし、水に溶かした石鹸は弱アルカリ性で、酸と出会うと界面活性力を失います。「石鹸水に浮かんでいた一円玉が、石鹸水にほんの少し酢を加えただけで沈む」という実験がありますが、これは界面活性力を失ったから起こる現象です。

「洗浄・除菌・抗菌」と「成分表示」

厚労省や消費者庁。ちょっとお堅いイメージですが、お手元にある洗剤の表示を厚生労働省や消費者庁、経産省のHPと照らし合わせてみると、なかなか興味深いです。

また、JIS（日本産業規格　Japanese Industrial Standard）という言葉をよく聞きますが、これは「産業標準化法」に基づいた規格で、実に多くのことが決められています。

洗浄・除菌・漂白

洗剤に書かれている「洗浄・除菌・漂白」という言葉には何か決まりはあるのだろうかと気になって調べ、厚労省のHPの講習会などを参考にまとめてみました（2025年1月現在の情報に基づく。情報は常に更新されるものなのでご注意ください）。

滅菌

微生物の生存する確率が100万分の1以下になることをもって、滅菌と定義しています（日本薬局方＝厚生労働大臣が薬事・食品衛生審議会の意見を聴いて定めた医薬品の規格基準書）。

消毒

病原微生物を死滅または除去させ、害のない程度まで減らしたり、あるいは感染力を失わせるなどして、毒性を無力化させること（「薬機法」：医薬品医療機器等の品質、有効性及び安全性の確保等に関する法律、に準ずる）。

殺菌

細菌を死滅させる、という意味ですが、殺す対象や程度を含んではいません（「薬機法」に準ずる）。

抗菌

JISでは、抗菌加工されていない製品の表面と比較し、細菌の数が100分の1以下である場合、その製品に抗菌効果があると規定しています。JISの定義では、「製品の表面における細菌の増殖を抑制する状態」です（JISの「繊維以外のプラスチック、金属、セラミック製品の抗菌商品」の基準は「Z 2801」という区分になります）。

抗菌に関しては、SIAA（一般社団法人抗菌製品技術協議会）などの団体が、「自己認証を表明するマーク」を作りひとつの基準になっています。

除菌

長いこと定義が曖昧でしたが、世界的な除菌に対する動きを鑑み、JISでは2021年に「繰返し除菌性試験方法」（JIS Z 2811:2021）が規格されました。

上記に載っていなかった「漂白」は、消費者庁の家庭用品表示法で、しっかりと「漂白剤」という区分がなされています（漂白という働きではなく、手段としての扱い）。漂白剤、洗剤、研磨剤と、家庭用品表示法では区分けされています。

消費者庁
家庭用品品質表示法での分類・定義

消費者庁の家庭用品品質表示法において、石鹸や洗剤は［雑貨工業品］の中で以下のように分けられており、自宅の洗剤にも書かれてるはずです。

・漂白剤（衣類用、台所用又は住宅用）
・合成洗剤
・石けん（洗濯用又は台所用）
・洗浄剤（住宅用又は家具用）
・クレンザー
・磨き剤（台所用、住宅用または家具用）

この中で、界面活性剤が入っていないものは以下。
・漂白剤（衣類用、台所用又は住宅用）
・洗浄剤（住宅用又は家具用）
詳細は次ページにて説明いたします。

［漂白剤］
品名／漂白剤
定義：主たる成分が酸化剤又は還元剤から成り、衣料品等の黄ばみ、しみ等を分解し、又は変化させて白くする化学作用を有するもの。

［合成洗剤］
品名／「洗濯用合成洗剤」「台所用合成洗剤」、それ以外のものについては、その用途を適切に表現した用語に「合成洗剤」の用語を付す。
定義：界面活性剤又は界面活性剤及び洗浄補助剤その他の添加剤から成り、その主たる洗浄作用が純石けん分以外の界面活性剤の界面活性作用によるもの。

［洗濯用又は台所用の石けん］
品名／「洗濯用石けん」「洗濯用複合石けん」「台所用石けん」「台所用複合石けん」
定義：界面活性剤又は界面活性剤及び洗浄補助剤その他の添加剤から成り、その主たる洗浄の作用が純石けん分の界面活性作用によるもの。

［住宅用又は家具用の洗浄剤］
品名／必ず「洗浄剤」の用語を付記
定義：［1］酸、アルカリ又は酸化剤及び洗浄補助剤その他の添加剤から成り
［2］その主たる洗浄の作用が酸、アルカリ又は酸化剤の化学作用によるもの

［クレンザー］
品名／「クレンザー」
定義：研磨材及び界面活性剤その他の添加剤から成り、主として研磨の用に供せられるもの（艶出しの用に供せられるものを除く）をいう。台所用、住宅用又は家具用に使われるもので、研磨材を含むものに限る。

［磨き剤］
品名／「磨き剤」
定義：研磨材、有機溶剤、脂肪酸及び界面活性剤その他の添加剤から成り、艶出しおよび研磨の用に供せられるものをいう。台所用、住宅用または家具用に使われるもので、研磨材を含むものに限る。

なお、界面活性剤に関しては、環境省も様々な資料を公開しています。
商品表示には色々な情報が記されています。

※品名、定義に関しては、一部、簡略にしています。正確な決まりは消費者庁のHP「製品別品質表示の手引き」の「雑貨工業品一覧表」を開いてみてください。

界面活性剤が入っていなくて
きれいになるもの［洗浄剤］

洗浄剤と漂白剤

世の中には界面活性剤が入っていない洗浄剤や漂白剤があります。

界面活性剤が入っておらず、酸やアルカリの化学作用によって対象物を洗浄するものを「洗浄剤」と区分して、洗剤と分けています。それがクエン酸、重曹、セスキ、過炭酸ナトリウム、そしてアルカリ電解水などで「酸、アルカリまたは酸化剤の化学作用全般」。一方、漂白剤は「汚れを分解（化学式の二重結合を壊す）」するもの。ちょっとややこしいですね。

アルカリと酸

洗浄剤の働きで、「酸性の汚れにはアルカリを使い、アルカリの汚れには酸性を使う」ことは「中和」にあたり、とてもシンプルですが、それ以外にも重要なことがあります。

［アルカリの特異性］

脂肪酸はアルカリと反応し乳化（鹸化）するので、油に接すると石鹸成分になり、油は落ちやすくなります。

アルカリはタンパク質の化学式を壊す働きがあるので、肉などの構造に働きかけます。

［酸の特異性］

酸は金属を溶かします。水垢の主な成分のカルシウムは金属原子なので酸に溶けるのです。

漂白剤は「酸素系」と「塩素系」

漂白剤は「酸化型」と「還元型」のふた通り

がありますが、還元型は主に業務用で使われるので、酸化型の話をします。

酸化型はさらに「酸素系」と「塩素系」に分かれます。昔ながらの匂いのきつい、そして「混ぜるな危険」の文字が書かれているものが「塩素系漂白剤」です。塩素系は色素を破壊するほどの力があります。「酸素系漂白剤」である過酸化ナトリウムは水と炭酸ソーダ、酸素に分解されることもあり、使う人が増えているようです。

なんでもきれいになる！ と、評判の「オキシクリーン*」の表示は「衣類・布製品・台所まわり・水まわり・食器・タイル・家庭用漂白剤」。成分は「過炭酸ナトリウム（酸素系）アルカリ剤（炭酸ナトリウム）」です。

アルカリ電解水

「水できれいになる」という、アルカリ電解水が登場して久しいです。専用の電解装置で電気分解して、高いアルカリ性を持つため、殺菌や洗浄に効果があるとされています。こちらに関しては、まだ情報が集まらないため、「アルカリ電解水という選択肢がある」ということで、締めさせていただきます。

化学記号に強い人は、汚れの化学記号と使う洗浄剤の化学記号を照らし合わせ、「なぜ落ちるか」を考えてみてください。

*米国チャーチ＆ドワイト社の登録商標

界面活性剤が入っていない洗浄剤

	酸性	アルカリ性			
	クエン酸	重曹	セスキ炭酸ソーダ	過炭酸ナトリウム	アルカリ電解水
化学式	$C_6H_8O_7$	$NaHCO_3$	$Na_3H(CO_3)_2$	炭酸ナトリウムと過酸化水素	
品名	台所用・住居用洗浄剤	重曹（消臭・洗浄用途）入浴料・洗浄料	台所用・洗濯用・住居用洗浄剤	衣類用、台所用漂白剤	住宅用洗浄剤
成分	クエン酸	炭酸水素 Na	セスキ炭酸ソーダ（炭酸ナトリウムと炭酸水素ナトリウム）	過炭酸ナトリウム（酸素系）	電解イオン水
液性	弱酸性	弱アルカリ性	弱アルカリ性	弱アルカリ性	強アルカリ性
使用上の注意	混ぜるな危険				
温度			油汚れ 60〜70℃の湯	40〜50℃	
漂白	×	×	○	◎	
除菌	○	×	×	◎	◎
消臭	○	○	○	◎	○
抗菌	◎	×		×	
水あか	◎	○	×	×	×
茶渋	×	◎	◎	◎	
焦げ	×	◎	○	○	
油汚れ	×	△	◎	◎	○
水への溶けやすさ	△	△	◎	◎	
研磨力	×	◎	×	×	
効果的な汚れ	アルカリ性の汚れを落とす	酸性の汚れを落とす			
特性	水垢（カルシウム）　酸は金属を溶かす	油・皮脂	油・皮脂	油・皮脂	油・皮脂
		アルカリは、タンパク質を分解する			
		アルカリは、油脂を乳化させる			
特記事項	塩素と併用不可			酸素系漂白剤とも呼ばれる	時間経過で成分が中性になる
	重曹と合わせて使える	クエン酸と合わせて使える	重曹・クエン酸と合わせて使える	炭酸ソーダと水、酸素に分解される	2度拭きが要らない

※販売元のデータがないものは空欄になっています。

掃除用具のこと

洗剤いらずの食器洗い布

　皆さんの台所の流し場には、どのような道具があるでしょうか。時々友人の家に遊びに行き、洗い物の手伝いをしようとすると、道具は人それぞれだと感心します。

　ちなみに私は、「木綿や麻の食器洗い用布巾」と「シュロタワシ」がないと、洗い物ができません。木綿の「びわこふきん」（朝光テープ有限会社）は、公害問題で琵琶湖が洗剤のリンによって水質汚染されたとき、「洗剤を使わずに食器をきれいにできる布巾」として作られました。ガラ紡と言われる機械織ですが、手紡ぎに近いざっくりとした木綿糸と粗い編み目による摩擦で、洗剤なしでも汚れを落とせます。布の糸の状態や編み目によって汚れが落とせることがおもしろく感じ、それ以来、「ざっくりとした編みの布巾」を探しては使っています。今のお気に入りはP88で漆器を洗っている布巾です。素材はリネンと数％のナイロン。それ以外に、漆椀を買った際に漆器屋さんがおまけでつけてくださった綿のざっくりとした布巾もなかなか良かったです。お湯とこれらの布巾があれば、油ものを食べたうつわも、事前にちり紙で油を拭き取っておけば、洗剤なしでもスッキリ洗えます。友人が編んでくれたアクリルタワシも同様の理由で洗剤いらずです。

白木と鉄フライパンはタワシ

　しかし布巾では洗えないものもあります。白木の道具（お弁当箱、おひつ、せいろなど）と、鉄のフライパンです。どちらの作り手も「タワシで洗って」と言います。そしてどちらも洗剤をつけないように、と言われます。

　白木の道具はそのままぐっぐっと力を入れて洗ってください。フライパンも同様です。「油のついたフライパンと無塗装の木を同じ道具で

びわこふきん
素材は綿でガラ紡の布巾。洗う時に使っても、拭く時に使っても良い。

手作りのアクリルタワシ
編み目が洗浄力につながっている。

マイクロファイバーのスポンジ
洗剤なしできれいに汚れが落とせる。

スポンジ
素材はポリウレタンフォームなど。ナイロンなどでできている硬い部分と組み合わせているものも。

シュロタワシ
使うと小さくなりやせてくる。手前は2年間使い倒したもの。

ヘチマ
明治時代の人は庭で育てて発酵させてこの状態にしていたそう。

洗っていいのか」と、思われるかもしれませんが、白木の道具、フライパンの順に洗えば問題ありません。気になる方は最後に中性洗剤かクレンザーでタワシを洗ってください。

すり鉢を洗うのもタワシに限ります。ゴツゴツとした擦り目はスポンジでは力不足。だいたいの金属の鍋もタワシで洗えます。

タワシはメーカーによってシュロの質が若干違います。手で握って痛くない、刺激が気持ち良いと思えるものを選んでください。「タワシなんて300円程度でしょう」と思いがちですが、質の良いものは持ちが良いので1000円ぐらいでも決して無駄ではないと思います。

あると便利な掃除道具

スポンジ、布巾、タワシでだいたいのものは洗えますが、金属の焦げは厄介です。銅・真鍮・アルミ・ステンレスの鍋の日常のお手入れや鉄の赤錆を落とす時は、ステンレスタワシとスチールウールタワシなどの金属タワシを用意しておくと良いでしょう。ただし、スチールウールタワシは錆びやすいので使い切りしてください。

鉄の毎日のお手入れに金属タワシは絶対に使わないでください。あくまでもシュロタワシで油をほどほどに残す程度に洗いましょう。

拭く道具

気持ち良く洗った後は、きっちり拭きたいです。綿の蚊帳生地、綿のガーゼ生地、P136のグラスを拭いてる布、綿の手拭い（P148の土鍋を拭いている布）、麻の布（P140のうつわを拭ている布）。どれも吸湿性が良いものです。グラスはケバをつけたくないので、マイクロファイバーの専用の布を用意しておくと良いでしょう。

ステンレスタワシ
錆びにくいが目は粗く、傷が大きくつく可能性がある。

スクレーパーなど
おろし金やすり鉢掃除のためにあると便利。
左から、萱、竹、箒キビ

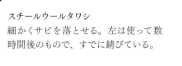

スチールウールタワシ
細かくサビを落とせる。左は使って数時間後のもので、すでに錆びている。

綿の蚊帳生地
目が粗いので乾きが早い。

綿のガーゼ生地
ふんわりとして吸収力抜群。拭き上げも気持ち良い。

マイクロファイバーの布
ガラスだけでなく、漆を拭くのにも良い。

洗剤を使わないと……

燃える!? フライパン

親しくしているインテリアショップで、台所道具の手入れのレクチャーをした時、そのショップ併設のカフェ店長から「玉子焼き器は洗っちゃいけないと聞いて洗わなかったら、たまに燃えるのだがどうしよう」と呼び出され、厨房に行ってみました。すると、玉子焼き器全面に油カスがこびりついておりました。業務用の厨房なので慌てず騒がず、「また燃えた」でやり過ごしていたようですが、よくよく考えると怖いことです。

この「洗わない」と教えた人の意図は、「油分を全部取り去ると、玉子が焦げやすくなるので油分を洗い切らないように」ということでしょう。洗剤をつけて洗うと、油分が抜けてしまいます。かといって洗わないのも不衛生。その点「シュロタワシ」は、汚れは落とし油は残すという、実に見事な塩梅。タワシで洗って鉄や銅に油が馴染んでいけば、「錆止めに油を塗る」という手間もなくて済みます。

まな板とタンパク質

家庭用品を扱うプロは木のまな板を洗う時は洗剤を使わない方が良いと言います。きれいにするための洗剤をなぜ使わないか。木に染み込んで味に影響を及ぼす可能性があるからですが、重要なのは、洗剤の洗い残しを避けること。洗剤と有機物が残っていると、雑菌が増殖する可能性があります。洗剤を使う場合は、くれぐれもしっかりとすすいでください。

洗う前にお湯をかけないことも大切。タンパク質が50℃くらいから固まる性質があるからです。洗った後にお湯ですすぐのは良いですが、洗う前にお湯をかけると、厄介なことになりますのでご注意を。

灰汁の仕業

P24のおろしがね。偉そうに格好良く写っていますが、元々は「赤」と呼ばれる銅に、する部分を錫でメッキしたもの。「手入れしないとこうなりますよ」の反面教師の例なのです。原因は、洗いきれていない大根汁だったようです。大根にはポリフェノールの異種のクロロゲン酸が含まれており、これがいわゆる「灰汁」。釜浅商店さんを訪ねた際、スタッフの阿部さんが「必ず濡れ布巾を用意してください」と、教えてくださいました。理由は「使いながら、常に包丁についた灰汁を拭き取るため」でした。「洗ったつもり」でも、案外落ちていないのはまな板でお話ししました。特におろしがねは、刃が鋭いので洗いずらいとはいえ、情けない限りです。クエン酸でお手入れしたところ、下の写真のように柄の部分はしっかり銅本来のピンク色になりました。

素材別お手入れ一覧表

木	塗装の有無	掃除道具	お手入れの注意	食べ物を入れたとき	汚れのつきやすさ	使い込むと……	注意点
無塗装のお盆・茶托	無	布巾	拭き込み	食べ物に触れないので、基本汚れない	水シミ	拭き込みの風合い	湿気た状態だとカビる可能性がある スギに重曹は使わない
無塗装の弁当箱		タワシ	洗剤を使わない 乾かす	料理が素材に染み込む ご飯だけなのでシミはできない	汁や油などのシミ 乾かせば汚れない	使い込んだ風合い	
無塗装：おひつ							
無塗装：せいろ			濡らしてから	油などは染み込む	染み込まないように濡らして使う		
オイル仕上げ	オイル	スポンジ	定期的なオイル補充	油切れしていたら染み込む	少し染み込む		油切れしないように
ガラス塗装	ガラス塗料		気遣い不要	染み込まない	つきにくい	艶が出てくる	
ウレタン	ウレタン					塗装の種類によっては剝げる	
漆	漆		注意点だけ気を付ける		つかない	艶やかになる	100℃以上のお湯・紫外線を避ける

陶磁器	塗装の有無	掃除道具	お手入れの注意	食べ物を入れたとき	汚れのつきやすさ	使い込むと……	注意点
陶器	釉薬	スポンジ・洗剤	しっかり乾かす	貫入が入ることも	汚れととるか味とみるかは本人次第	深みが出る	乾いてからしまう
磁器			拭いてすぐにしまえる	基本汚れない	茶渋がうっすら残ることも		
炻器	無	スポンジ・タワシ	しっかり乾かす	匂いがつくことも		深みが出る	

陶磁器	塗装の有無	掃除道具	お手入れの注意			使い込むと……	注意点
土鍋	釉薬	タワシ	熱が冷めてから洗う			ヒビは細かく入る	湿気た状態だとカビる可能性がある

竹	塗装の有無	掃除道具	お手入れの注意	食べ物を入れたとき	汚れのつきやすさ	使い込むと……	
ざる・おろしがね	無	タワシ	しっかり乾かす			深みが出る	湿気た状態だとカビる可能性がある
カトラリー・サーバーなど		スポンジ				深みが出る	

ガラス	塗装の有無	掃除道具	お手入れの注意	弱いもの	汚れのつきやすさ	使い込むと……	
普通のガラス		スポンジ・洗剤	しっかり拭き込む	熱	茶渋がうっすら残ることも	あまり変わらない	
耐熱ガラス							

火にかけない金属	化学反応の種類	掃除道具	お手入れの注意	弱いもの	汚れのつきやすさ	使い込むと……	
銀	硫化	スポンジ・洗剤		硫黄	手からも硫黄は出ているので黒ずむ	磨き込むと味が出る	ゴムは製造中に硫黄を使うため、反応するので、ゴムで束ねない
錫				力・ざらざらしたもの			

金属	錆の種類	掃除道具	お手入れの注意	弱いもの	汚れのつきやすさ	使い込むと……	
鉄	赤錆・黒錆	タワシ	洗剤は使わない	拭き残りの水分	油馴染みしている状態が良い	油の染み込んだ深み	
銅	緑青	タワシ・スポンジ・洗剤	拭いていれば緑青は出ない		手間はかからない	深みが出る	
アルミ	白錆		野菜の灰汁や米のとぎ汁で皮膜ができる	アルカリ性（重曹）	水のミネラル分などで白や黒に変化することも	艶は消えてくる	重曹は使わない
ステンレス	白錆・赤錆		不動態化被膜により汚れにくい	拭き残りの水分・もらい錆	手間はかからない	手入れしていれば変わらない	
琺瑯	錆びない	スポンジ・洗剤	ぶつけて琺瑯が剝がれないように	衝撃			

洗剤を使わないと……

3章 お手入れ道具の特性と選び方

column

修復できる？　できない？
色々なトラブルシューティング

気をつけていても、ついうっかりは誰にでもあります。そんな時の解決法。しかし、修理できないものもあるのです……。

■ 自分で直せるもの

茶渋のひどい茶漉し

P159の失敗談の通り、道具にミルクティー（カテキン＋タンパク質）は鬼門のよう。どんな茶漉しもひどい詰まり方になってしまいます。洗剤をつけてもタワシでこすっても取れないような茶渋も、過炭酸ナトリウム（酸素系漂白剤、p173）につければ、気持ち良いほど一気に落ちます。

おひつの底の黒ずみ

ステンレスの調理場に置いておいたスギのおひつの底が黒くなるのは、ステンレスの中の鉄イオンとスギのタンニンの反応と思われます。気になる場合は、紙やすりをかけて黒ずみを取りましょう。紙やすりをかまぼこ板に貼り付けて平らな状態にして行うとうまくいきます。ただし、ステンレスに置くと同じ状態は続きます。

ウレタンが剥がれたへら

ウレタンの種類にもよりますが、使い込んで剥がれてしまうものもあります。気になるときは思い切ってやすりをかけて、オイル仕上げにするのもまた一興。木工の授業を思い出して楽しんでください。

反ってしまった木の皿

木の皿や盆が乾燥して反ってしまうことはたまにあります。その際、一晩、裏返して置いてください。元に戻ることが多いです。ただし、元々の木目にクセがある場合は戻りませんので、そのクセと付き合ってください。

うっかりスギ材を重曹で洗ってしまった時

なんでも重曹できれいになると思いがちですが、スギ材を洗うと、青あざのよう（写真左側）になってしまいます。しかしクエン酸で洗うと、すっかり元（写真右側）に戻ります。慌てず騒がず、対処してください。

プロに頼むもの

箸の先端が折れた場合

うっかり噛んでしまったり、箸で肉を押さえてナイフを使って箸の先を切ってしまった、という方もいるでしょう。自分でやすりをかけて直せるかもと思いきや、案外バランスが難しいです。作り手が直しを受けてくれる場合は、速やかにプロに頼みましょう。ただし、直しを受けない作り手もいます。

修理後の箸（写真上）は少し短くなる。

包丁の柄の付け直し

包丁の柄の付け根。拭いているつもりでも案外湿気が残って、気づくと錆びていることもあります。錆びがまわらないうちに、柄の付け直しを頼みましょう。自社で販売したものしか直さないお店が多いのでご注意ください。量販店などでは販売したものでも修理を受けない可能性があります。

直せないもの

割れた急須のふた

急須は「共焼」といって、身とふたを同時に焼く作り方が多いです。その場合は、焼成中に同じ収縮をするので（焼きものは1〜2割縮む）、同じように見えて、違うふたはほんのコンマ何mmの世界で合わないこともあります。残念ながら、ふただけの取り寄せは無理なことが多いので、金継ぎをして使い続けましょう。磁器のメーカーはふただけの取り寄せをしている場合もありますので、問い合わせを。

そのまま使うもの

ヒビが入ったすりこぎ

サンショウのすりこぎには「芯」があります。この芯からヒビが入ることは自然の摂理。割れの中にとろろや胡麻が入るかもしれませんが、タワシやササラを使って取り除き、どうかこのヒビと仲良く暮らしてください。すりこぎは擦れて短くなっていきます。使い続けていくとヒビの部分を使い切るかもしれませんから。

column

トラブルではないけれど
道具の面白知識

暮らしの道具の「向き」にルールがあるものがあります。理由を知ると「なるほど」と納得します。

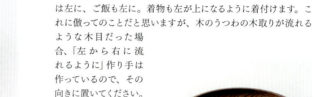

木目は左から右に

日本のしきたりで「左上右下」という考え方もあります。偉い人は左に、ご飯も左に。着物も左が上になるように着付けます。これに倣ってのことだと思いますが、木のうつわの木取りが流れるような木目だった場合、「左から右に流れるように」作り手は作っているので、その向きに置いてください。まっすぐな木目の場合、横になるように作られているはずです。

白木の器の「丸前角向こう」

日本の料理の盛り付けは、陰陽五行に基づいていると言います。「陽は丸いもの、平らなもの」で「陰は角もの、深いもの」で表すことになっています。その考えから、丸盆の綴じ目は前、角盆(写真は懐石で使われる八寸)の綴じ目は向こう側にするのが決まりです。

鉄瓶の向きの話

写真は火にかけた状態ですが、実はこれ「裏側」です。右手で鉄瓶を持つと、この写真の状態が自然ですが、お客様が向こう側にいらしたら「口が右側」になります。口が右の向きに満開のサクラ、口が左の側に蕾のサクラ。口が右の向きに馬の顔側、口が左の側に馬のお尻側、という感じです。鉄瓶は「口を右側にしたほうが正面」と覚えておいてください。

番外編 洗わないということ

無塗装のお盆や茶托は「洗わないで」という作り手も多いです。お盆も茶托も食べ物を直接置くものではないので、固く絞った濡れ布巾程度に。乾く時に反る可能性があるので、水にドボンと浸けるのは避けましょう。

参考文献

辻薦,『洗浄と洗剤』, 地人書館, 1967
齋藤勝裕,『本当はおもしろい化学反応』, SBクリエイティブ, 2015
平澤猛男,『水と油のはなし』, 技法堂出版, 2000
生活と科学社「石鹸百科」監修, 西村しのぶ挿画,『アルカリと酸で洗う本』, せせらぎ出版, 2011
『包丁と砥石』, 柴田書店, [柴田ブックス], 1999
小泉和子,『昭和 台所なつかし図鑑』, 平凡社, 1998
小泉和子,『道具が語る生活史』, 朝日新聞社, [朝日選書376], 1989
山口昌伴・GK研究所,『図説 台所道具の歴史』, 柴田書店, 1978
栄久庵憲司,『台所道具の歴史』, 柴田書店, [味覚選書], 1976
樋口清之,『新版 日本食物史』, 柴田書店, 1987
古島敏雄,『台所用具の近代史』, 有斐閣, 1996
岩井宏實編集,『民具の世相史』, 河出書房新社, 1994
南和子,『暮しの道具学』, 筑摩書房, 1987
日本風俗史学会編,『図説江戸時代食生活事典 (新装版)』, 雄山閣出版, 1996
村上昭子,『台所ともだち』, 農山漁村文化協会, 1987
小菅桂子,『にっぽん台所文化史<増補>』, 雄山閣出版, 1998
熊澤大介,『創業明治41年 釜浅商店の「料理道具」案内』, PHP研究所, 2015
素木洋一,『図解 工藝用陶磁器』, 技法堂, 1970
田賀井秀夫,『入門 やきものの科学』, 共立出版, [科学ブックス28], 1974
小泉和子,『台所道具いまむかし』, 平凡社, 1994
光芸出版編集,『新装合本 漆芸事典』, 光芸出版, 2004
杉江重誠,『ガラスと生活』, 河出書房, [科學新書6], 1941
各務鑛三,『ガラスの生長』, 中央公論美術出版, 1983
島地謙,『木材解剖図説』, 地球社, 1964初版, 1979 11刷
小野賢一郎編集,『陶器大辞典』, 株式会社寶雲舎, 1935初版, 1940新装版
Yoshio Akioka, Masao Usui, 1979, JAPANESE SPOONS AND LADLES, Kodansha International
『日本料理』, 柴田書店, [月刊専門料理別冊], 1977
菊池順編集,『ガラス器成形・加工技術 教育研修用テキスト』, 東京硝子製品協同組合, 2002
『銅ってすごい！』, 一般社団法人日本銅センター, 2022
『銅のすぐれた超抗菌パワー』, 一般社団法人日本銅センター, 2023

Webサイト

萬古焼陶磁器振興協同組合連合会,「よくわかる四日市萬古焼読本」
https://yokkaichi-banko.com/pdf/110725.pdf

消費者庁,「家庭用品質表示法」, 対象品目一覧
https://www.caa.go.jp/policies/policy/representation/household_goods/list

三徳工業株式会社「ガラス工芸広場　ガラス原料あれこれ」
http://www.glass-kougeihiroba.jp/arekore/index.html

日本石鹸洗剤工業会,「きれいな日本、かがやく明日」, 石けん洗剤知識
https://jsda.org/w/03_shiki/index.html

一般社団法人抗菌製品技術協議会,｜抗菌／防カビ／抗ウイルス　日本発、世界基準へ」
https://www.kohkin.net

日本界面活性剤工業会
https://jp-surfactant.jp

日本家庭用洗浄剤工業会
https://senjozai.jp/

京セラ　ファインセラミックスワールド
https://www.kyocera.co.jp/fcworld/first/about.html

ステンレス協会
https://www.jssa.gr.jp/contents/

備前焼陶友会
https://touyuukai.jp/history.html

作り手一覧

シリーズ名・ブランド名があるものは〈 〉で記しております。

※本書に掲載のうつわや道具は、ほとんどが筆者の私物で、わかる範囲で明記しています。
現在、販売していないものもあります。あくまでも参考にしてください。

P10 左から

鋳物琺瑯鍋　STAUB［P12］（フランス）

土鍋［ペタライト混合］野村亜矢（愛知県）

ステンレス鍋　フィスラー［P13］（ドイツ）

P14 山本忠正（三重県）

P15 三陶〈かなえ〉（三重県）

P16 Westside33（京都）

P17 フォームレディ〈kaico〉（大阪府）

P18 上のフライパン

下　山田工業所（神奈川県）

P20 左　及源鋳造〈上等フライパン〉（岩手県）

右　studio SHIMONE（大阪府）

P21 EVA TRIO（デンマーク）

P24 おろしがね　木屋（東京都）

P26 包丁［30年前、銀座松屋で購入］［作者不明］

P27 ツヴィリング（ドイツ）

P29 多鹿製作所〈TAjiKA〉（兵庫県）

P30 銅　おろしがね　木屋（東京都）

陶器　おろし皿　民藝店で購入［作者不明］

P31 坂本工窯（大分県）

P36 味噌漉し　長野県戸隠で購入［作者不明］

P38 左上　長野県戸隠で購入［作者不明］

右上　別府クラフト（大分県）

左下　岩手県一戸鳥越地区で購入［作者不明］

右下　岩手県一戸鳥越地区で購入［作者不明］

P39 新潟県燕で購入［メーカー不明］

P42 ステンレス　一菱金属〈conte〉（新潟県）

P46 早川勝利（岐阜県）

P47 柴田慶信商店（秋田県）

P48 桶光（長崎県）

P49 どちらも　柴田慶信商店（秋田県）

P50 泡立て器　（イタリア製）

レードル　原口潔（京都府）

木のターナー　クラフト工房・木奏（北海道）

木のターナー　柏木圭（長野県）

竹のターナー　竹と暮らす沖原紗耶（山梨県）

P52 ともに　クラフト工房・木奏（北海道）

P54 磁器のボウル

工藤省治（愛媛県）［銀継ぎしている］

蓋椀　島川千世（石川県）

角皿　三谷龍二（長野県）［金継ぎしている］

赤い椀　赤木明登（石川県）

P56 碗　山本忠正（三重県）

皿　喜多村光史（静岡県）

P57 こいずみみゆき（埼玉県）

P58 長田佳子（東京都）

P59 一陽窯　木村肇（岡山県）

P60 左上　大島東太郎商店（石川県）

右上　あづかり処　福虫（福島県）

左下　赤木明登（石川県）

右下　福田敏雄（石川県）

P61 上から

	仁城逸景（岡山県）	P101	IWATEMO（岩手県）
	町田俊一（岩手県）	P103	釜定（岩手県）
	高橋睦（秋田県）	P111	池田晴美（富山県）
	小昼皿［古道具］（岩手県）	P115	ちろり　大阪錫器（大阪府）
P62	上から	P116	無水鍋®（広島県）
	柴田慶信商店（秋田県）	P120	琺瑯のたらい　野田琺瑯（東京都）
	有岡成員（香川県）	P128	砥石　10Good by キング砥石（愛知県）
P63	上から	P141	荒賀文成（京都）
	大野木工×かわとく壱番館（岩手県）	P145	左の急須　一陽窯（岡山県）
	北山栄太（宮城県）		右の急須　南景製陶園（三重県）
P64	後ろの2脚　木村硝子店（東京都）		磁器の飯碗　亀田大介（大分県）
	手前　松岡ようじ（神奈川県）		陶器の飯碗　山田晶（滋賀県）
P66	谷道和博（千葉県）	P147	山本忠正（三重県）
P67	上から	P158	木村硝子店（東京都）
	クラフト・ユー（新潟県）	P159	木村硝子店（東京都）
	ハリオ（東京都）		下のガラス　石川昌浩（岡山県）
	スタジオリライト（石川県）	P174	びわこふきん　朝光テープ（愛知県）
	翁再生硝子工房（大阪府）		シュロタワシ　高田耕造商店（和歌山県）
P69	上から	P175	箒キビのスクレーパー
	桑原哲夫（茨城県）		OPEN　STUDIO（熊本県）
	伊藤成二（愛知県）		綿の蚊帳生地　井上企画・幡（奈良県）
	南景製陶園（三重県）		綿のガーゼ生地　ももぐさ（岐阜県）
P74	有岡成員（香川県）		マイクロファイバーの布　木村硝子店（東京都）
P76	真鍮のまな板立て　二上（富山県）	P180	写真左　八寸　京都桐箱工芸（京都府）
P79	早川勝利（岐阜県）		写真右　長方形の折敷　川合優（岐阜県）
P88	安比塗漆器工房（岩手県）		

日野 明子 (ひの あきこ)

1967年神奈川県生まれ　共立女子大学家政学部生活美術科で、故秋岡芳夫先生の講義を受ける幸運を得る。就職した松屋商事株式会社で、北欧と日本のクラフト品の営業を7年。1998年に会社が解散したことをきっかけに1999年独立。企画卸問屋「スタジオ木瓜」として、ひとり問屋を始める。
生活に関わる日本の手仕事の現場を巡り、関連の展示や企画協力、産地へのアドバイス、大学での講義なども行う。
著書に『うつわの手帖1（お茶）』『うつわの手帖2（ごはん）』（共にラトルズ）、『台所道具を一生ものにする手入れ術』（誠文堂新光社）ほか、雑誌やウェブマガジンへの寄稿も多数。

staff

デザイン　髙橋克治（eats & crafts）
撮影　　　吉崎貴幸
編集協力　土田由佳
編集　　　山本尚子（グラフィック社）

special thanks

取材協力　釜浅商店
撮影協力　モノ・モノ

台所道具の選び方、使い方、繕い方

使い込み、育て、変化を楽しむ。

2025年3月25日 初版第1刷発行

著　者　　日野明子
発行者　　津田淳子
発行所　　株式会社グラフィック社
　　　　　〒102-0073 東京都千代田区九段北 1-14-17
　　　　　Tel.03-3263-4318　Fax.03-3263-5297
　　　　　https://www.graphicsha.co.jp
印刷・製本　TOPPANクロレ株式会社

©2025 AKIKO HINO
ISBN978-4-7661-3938-9　C2077　Printed in Japan

定価はカバーに表示してあります。
落丁・乱丁本はお取り換え致します。　本書の記載内容の一切について無断転載、転写、引用を禁じます。本書のコピー、スキャン、デジタル化等の無断複製は著作権法上の例外を除き禁じられています。本書を代行業者等の第三者に依頼してスキャンやデジタル化することは、たとえ個人や家庭内の利用であっても著作権法上認められておりません。